邓稼先的故事

李建臣 ◎ 主编

远方出版社

图书在版编目（CIP）数据

邓稼先的故事 / 李建臣主编. -- 呼和浩特：远方出版社, 2022.12
（"榜样代代传"系列丛书）
ISBN 978-7-5555-1824-2

Ⅰ.①邓… Ⅱ.①李… Ⅲ.①邓稼先（1924-1986）－生平事迹－青少年读物 Ⅳ.①K826.16-49

中国版本图书馆CIP数据核字(2022)第258243号

邓稼先的故事
DENG JIAXIAN DE GUSHI

主　　编	李建臣
责任编辑	王　叶
封面插画	吴幸婷
内文插画	吴幸婷
封面设计	VIOLET
版式设计	曹　驰
出版发行	远方出版社
社　　址	呼和浩特市乌兰察布东路666号　邮编010010
电　　话	（0471）2236473总编室　2236460发行部
经　　销	新华书店
印　　刷	天津中印联印务有限公司
开　　本	880毫米×1230毫米　1/32
字　　数	110千
印　　张	6.5
版　　次	2022年12月第1版
印　　次	2023年4月第1次印刷
印　　数	1—5000册
标准书号	ISBN 978-7-5555-1824-2
定　　价	42.00元

如发现印装质量问题，请与出版社联系调换

编者序

吾辈自强　强国有我

对于青少年来说,他们正处于长身体、长知识和形成世界观的重要时期,兴趣广泛、可塑性强,各方面都还不成熟。如何紧扣时代脉搏,与时俱进地帮助青少年树立正确的人生观、价值观和世界观,是家庭、学校和社会需要共同思考的问题。

党的十八大以来,以习近平同志为核心的党中央高度重视青少年的思想政治教育,习近平总书记在许多场合对加强青少年思想政治教育发表了一系列重要讲话,内容涵盖立德树人、社会主义核心价值观的培育和践行、以文化人、以文育人、教育合力构建、加强党的领导等。这些重要论述,充分体现了以习近平同志为核心的党中央对青少年成长成才的亲切关怀和殷切期待,立意高远,思想深邃,形成了内涵丰富的思想政治教育理论体系,为提升青少年思想政治教育科学化水平指明了方向。

榜样教育是青少年品格塑造的一种重要形式,应科学合理地树立榜样,为青少年追求真理、完善人格、实现理想指明方向,并源源不断地提供精神力量,从而培养青少年爱国、奉献、创新、求真、务实的崇高品质。

为了帮助青少年向榜样看齐,向使命聚焦,汲取榜样的力量,感受其家国情怀以及进取、奉献的优秀品质,我们组织多位专家学者编撰"榜样代代传"系列丛书,介绍了钱学森、竺可桢、钱伟长、华罗庚、钱三强、苏步青、李四光、童第周、陈景润及邓稼先等科学先驱的事迹。这些科学家学习成绩优异,科技成果突出,得到了国际学术界的广泛认可。他们每一个人都深深知道:科学无国界,科学家有祖国。钱学森说:"我的事业在中国,我的成就在中国,我的归宿在中国。"李四光说:"要把所学到的知识,全部奉献给我亲爱的祖国。"邓稼先说:"假如生命终结后可以再生,那么,我仍选择中国,选择核事业。"他们不惜牺牲个人利益,远跨重洋回到生活与科研均"一穷二白"的祖国,在各自的领域自力更生、攻坚克难、开拓创新,为我国的社会主义建设和国防安全做出卓越的贡献。

鲁迅先生在《中国人失掉自信力了吗》一文中发声:"我们从古以来,就有埋头苦干的人,有拼命硬干的人,有为民请命的人,有舍身求法的人……"历史的风雨、生活的磨难,阻挡不了这些人前行的脚步。正是他们扛起了中华民族伟大复兴的重任,他们无愧为"中国的脊梁"。有人不禁要问:今天的青少年长大后,还能不能扛起重任?

要回答今天的青少年还能不能扛起重任的问题,我想起了梁启超先生100多年前的期许——"少年智则国智,少年强则国强。"

榜样是一面旗帜,榜样是一座灯塔,榜样是一种动力,可以为当代青少年引领方向,指导他们奋勇前行。这套"榜样代代传"系列丛书的出版初衷,就是希望青少年以老一辈科学家为榜样,学习他们胸怀祖国、服务人民的爱国精神,勇攀高峰、敢为人先的创新精神,追求真理、严谨治学的求实精神,淡泊名利、潜心研究的奉献精神,集智攻关、团结协作的协同精神,以及甘为人梯、奖掖后学的育人精神,并将这些可贵的品质吸收为个人的精神财富与进取动力,做有理想、有本领、有担当的新时代青少年。

目录

第一章 学科学才能救中国

虎父无犬子　/ 003

铁骨铮铮好儿郎　/ 009

第一次离家的小难民　/ 012

西南联大的高才生　/ 015

与杨振宁的深厚友谊　/ 018

第二章 "我学成一定回来"

来自东方的"娃娃博士" / 023

谁也别想阻止我回国 / 031

命中注定的姻缘 / 037

幸福的四口之家 / 043

第三章 一定要造出"争气弹"

宁愿挨饿,也不要挨打 / 049

为国家放一个"大炮仗" / 053

"就是为它死了也值得" / 057

一切从零开始 / 061

高粱地里的"扫盲班" / 065

"哑巴和尚"不念经 / 069

苏联反悔了 / 072

第四章 "我们自己干!"

原子弹理论设计的主攻手 / 081

理论推导,各显神通 / 086

著名的"九次运算" / 090

特批"粮食特供" / 096

"很远的地方在哪里" / 103

金银滩上造"美神" / 107

紧锣密鼓的试验准备 / 113

罗布泊升起了蘑菇云 / 120

"妈妈,我们成功了!" / 127

第五章 "原子弹要有,氢弹也要快"

牵住"牛鼻子" / 135

再难也要按期完成 / 145

003

又一朵蘑菇云升起 / 148

任何一件小事都是大事 / 153

把最危险的事情留给自己 / 158

用武器扼杀武器 / 163

第六章 生命最后的日子

生死的考验来临了 / 171

具有远见卓识的建议书 / 177

那些未了的心愿 / 182

"我们再去看看天安门" / 190

"不要让人家把我们落得太远……" / 194

第一章　学科学才能救中国

邓稼先从小便跟父亲学英语，到八九岁时已经能讲一口流利的英语。所以，进入崇德中学后，他学习英语毫不费力，英语成绩在班里数一数二，而且数学、物理成绩也很好，受到很多老师的青睐。

虎父无犬子

1924年6月25日,邓稼先出生于安徽怀宁东北的大龙山下白麟坂镇的铁砚山房。这座老宅的建造者,是邓稼先的六世祖邓石如。邓石如是清朝乾嘉时期的书法家、篆刻大师,他的书法以楷、草、隶、篆四体工整而著称,被誉为"国朝第一"。

邓稼先的祖父邓艺孙,曾担任安徽教育司司长,在安徽学界颇有名气。父亲邓以蛰也是个有名的人物,他是我国现代著名的美学家和美术史学家,擅长工笔山水画,与同时代的著名美学家宗白华享有"南宗北邓"的美誉。

邓稼先的故事

邓以蛰早年进入安徽公学，师从父亲邓艺孙及中国共产党创始人之一陈独秀等人，接受了许多革命思想。15岁时，他东渡日本留学，25岁又到美国哥伦比亚大学攻读哲学和美学。回国后，他被北京大学聘为哲学系教授，后来又在厦门大学、清华大学教过书。

邓以蛰还与鲁迅有过交往，在《鲁迅全集》中就有他和鲁迅的谈话记录。在这期间，邓以蛰在《晨报》《新青年》等进步报刊上发表了许多见解独到、文笔奔放的文章，给学术界、思想界乃至文学界带来了一股清新之风。

邓以蛰与妻子一共育有5个子女，长女不幸夭折，剩下的分别是女儿邓仲先、邓茂先和儿子邓稼先、邓槜先。

《说文》中说："稼，禾之秀实为稼，茎节为禾。"邓以蛰给邓稼先取这个名字，是希望他"根植、秀实和成熟于中华大地，成为造福民众的沧海之一粟"。

邓稼先刚满8个月的时候，在清华大学任教的邓以蛰将妻子儿女接到了北京，住在北京丰盛胡同北沟沿甲12号。在这座明清建筑风格的院子里，邓稼先度过了他的童年，留下了许多美好的回忆。

第一章
学科学才能救中国

1929年，5岁的邓稼先背着小书包，在大姐邓仲先的带领下，高高兴兴地走进了武定侯小学。

父亲邓以蛰知识渊博，又留过学，自有一番教育理念。他对邓稼先的学习抓得很严，不仅要求他熟读四书五经，还让他阅读世界名著，学习英文、数学等。

邓稼先7岁时，读了俄国作家屠格涅夫的《爱之路》，其中小鸟和猎人的故事，对他幼小的心灵产生了强烈的冲击。故事中，一只美丽的小鸟被猎人捉住，关进竹笼里。小鸟失去了自由，不吃也不喝，它奋力朝着笼壁冲撞，一下，两下，三下……整整撞击了一天。晚上，猎人察看笼中的小鸟时，眼前的景象使他惊呆了：竹笼被撞破，鸟儿满身血渍，躺在竹笼外的地上。那只美丽的小鸟为了争得一片蓝天，不顾一切地与禁锢它的竹笼对抗，最终失去了自己的生命。

读完这篇作品，邓稼先内心久久不能平静，他想起了父亲多次对自己讲过的话："人应该在自己的生命中体验到其他生命的存在，与其他生命共存共荣。"他被小鸟不畏险阻、宁死不屈的精神深深折服了。

作为爱国知识分子，邓以蛰言行如一，在侵华日军占领北平后，他仍然挺直腰杆做人，捍卫自己的民族尊严。

第一章
学科学才能救中国

1937年9月，邓以蛰的一个朋友投靠了日伪政府，通过领取日伪的薪饷，过上了相对优裕的生活。在邓以蛰看来，这个朋友也是为了养家糊口，不得已而为之，于是就宽容了对方的做法。没想到有一天，这个人夹着伪政府的公文包来到邓家做说客，这让邓以蛰颇为愤怒。

当时邓稼先正在家里复习功课，那人进屋不久，他突然听见父亲强打精神，大声质问道："你是干什么来的？身为中国人，你怎能做出这种勾当？你出去，这里不再欢迎你！"那人理屈词穷，只得夹着公文包灰溜溜地离开了。

这是邓稼先第一次见父亲发这么大的火，他心里既害怕又心疼，便小心地走上前去问道："爸爸，身体要紧，为什么这样不高兴？"邓以蛰余怒未消，大声说道："真是个不知羞耻的东西！他竟然想说服我到伪政府去做事。这种人拿了人家的钱，就给人家当走狗，忘了自己身上流的是中国人的血，喝的是黄河的水，列祖列宗的脸、读书人的脸都被他丢尽了！"

父亲的学识和修为，深刻地影响了邓稼先的一生。他曾深情地回忆父亲：

"父亲为人正直真诚，谦和朴实，性格温和宁静，专心做学问，多年深入书画领域进行研究工作，为中国书画艺术理论的建设贡献了毕生的心血，在鉴赏中国古字画方面被社会公认为专家。他耐心细致地指导学生分辨鉴赏古字画真迹，指出其特点，不怕麻烦地将家中藏画悬挂起来，一一指给学生看，并做详尽的讲解……父亲一生追求美的精神境界……

"父亲是爱国知识分子。他亲身经历了清朝腐败、军阀混战、列强欺凌瓜分中国的岁月，特别是14年抗日战争期间，生活在日寇的铁蹄蹂躏下，那种刻骨铭心的痛苦让他永难忘记。父亲一生的志愿就是中华民族的振兴，祖国强盛。他自己长期身患重病，寄希望儿子为国家做贡献……纵观父亲的一生，是追求真善美的一生。"

父亲对于国家深沉的爱和对子女殷切的期盼，邓稼先铭记在心，并且鼓舞着他为国家的强盛与民族的振兴奉献自己的一生。

第一章
学科学才能救中国

铁骨铮铮好儿郎

1935年,邓稼先考入志成中学,之后又进入北平(1928年北京改称北平)西绒线胡同的崇德中学。这是英国人开办的一所教会学校,很注重英语教学。

邓稼先从小便跟父亲学英语,到八九岁时已经能讲一口流利的英语。所以,进入崇德中学后,他学习英语毫不费力,英语成绩在班里数一数二,而且数学、物理成绩也很好,受到很多老师的青睐。

然而,邓稼先欢乐的少年时光并没有持续多久。"七七"事变爆发后,端着刺刀的日本侵略者很快攻进了北平城,无论是国家民族还是家庭生活,都蒙上了一层阴云。

为了躲避战乱,北京大学和清华大学的师生被迫撤往西南,校园里空空荡荡的,毫无生气。邓稼先的父亲因为身患肺病,咯血不止,经受不住长途跋涉,全家人只得留下来，在西单附近租房暂住。

不幸中的万幸是，因为崇德中学是英国人开办的，在英国没有参战之前，日军不敢贸然令其停办，所以邓稼先又继续读了两年书。

这段时间，北平的爱国学生救亡运动此起彼伏，身处群情激愤的环境中，强烈的民族屈辱感不断激发着邓稼先的爱国热情。他经常和一些进步同学在一起阅读进步书籍，谈论民族的前途和命运，向往和平安宁的大同世界。他们相互影响，相互鼓励，思想渐渐成熟起来。

当时，日本侵略者为了彰显特权，规定中国老百姓从日本哨兵面前走过时，必须向"皇军"行鞠躬礼。"中国国土虽然沦陷，但是中国人的民族尊严不可辱！"日本的这一无理要求，令血气方刚的邓稼先十分气愤。每天上下学，他宁肯绕路走远一些，也不愿意向日本侵略者点头哈腰。

但该来的始终会来，不久后发生的一件事，使邓稼先的人生轨迹发生了转折。

1940年，北平市日伪当局为"庆祝皇军胜利"，下令全体市民和学生举行游行与庆祝会。这时，崇德中学已因战争原因停办，邓稼先重新进入志成中学，续读高

第一章
学科学才能救中国

中二年级的课程。由于日军管制森严,志成中学被迫组织学生参加了这一活动。

开会时,会场戒备森严,市民与学生像一群羔羊一样被围在会场里。邓稼先看着耀武扬威的日本人,满腔怒火,却无法发泄。散会时,他再也无法忍受,愤怒地将手中的纸旗撕得粉碎,恨恨地说:"这简直是中华民族的奇耻大辱!"

邓稼先的举动被日伪安插在学生中的"狗腿子"发现了,他们马上把这件事告到志成中学,要求校方严肃处理邓稼先。

幸好志成中学的校长是邓以蛰的朋友,他勉强将事情搪塞过去后,匆忙赶到邓家,向邓以蛰讲述了整件事情的经过,然后忧心忡忡地说:"叔存(邓以蛰字)啊,稼先的事情我只能拖延应付一时,如果没有处理结果,恐怕日方不会善罢甘休,到那时可就不好办了,得尽快想个解决办法才好。"

由于事发突然,邓以蛰一时也想不到什么好办法,只好求教于这位朋友:"这件事我也不知道怎么处理才妥善,还是请仁兄帮我拿个主意吧!"

"依我看,硬顶肯定是不行的,藏起来也不是长久之计,还是想办法让稼先离开北平吧!"

邓以蛰沉思片刻,说道:"多谢仁兄指点,事到如今,也只能这样做了。"

送走校长后,邓以蛰把全家人叫到书房,一起商议邓稼先的事情,最后决定让已经读完大学的长女邓仲先带着邓稼先到大后方昆明去,因为北京大学、清华大学等都迁到了那里,而且邓以蛰在那里也有不少老朋友,可以照应他们姐弟,这样既保护了邓稼先的安全,又不会耽误他继续求学。

第一次离家的小难民

为了躲避日本人的迫害,1940年5月,从未离开过家人的邓稼先和姐姐邓仲先一起,告别亲人,踏上了旅途。

临行时,父亲语重心长地对邓稼先说:"稼先,以后你一定要学科学,不要像我这样,不要学文。学科学

第一章
学科学才能救中国

对国家有用。"邓稼先看着父亲充满期待的眼神，郑重地点了点头。

因为北平已经被日本人占领，乘火车前往昆明困难重重，他们只能从天津港乘坐轮船南下。经过几十个小时的航行，姐弟俩来到了旅程的第一站——上海。按照父亲的安排，他们住在父亲的老朋友胡适先生家中。

很快，他们又从上海乘船南行，经香港绕道越南，经过河内，再从老挝进入云南境内。如此辗转多地，他们用了将近一个月的时间，终于抵达昆明。

邓以蛰的好友汤用彤教授，得知邓稼先姐弟要来昆明，已经提前安排好了他们的住所。邓稼先姐弟在住所安顿下来后，邓以蛰的一些好友和同事——杨武之、张奚若、闻一多等纷纷来看望他们。

张奚若教授一进门便高声说道："听说又来了两个小难民，快过来让我看看。"他边说边拉着他们，端详了好一阵子，笑着说，"这两个小难民长大了，比起前几年，个子都高了一大截。你们这次能平安到达昆明，真是幸运啊！别看身上土多了点儿，鞋袜破了点儿，可比你们闻伯伯强多了。"

邓稼先听了，好奇地问道："闻伯伯怎么了？"

张奚若指了指闻一多,说:"他呀,是和学生一起从长沙步行来昆明的。"

"步行?那要走多久啊?"邓稼先惊讶地问道。

"2月初从南岳动身,到昆明正赶上端午吃粽子。"闻一多爽朗地笑着说。

这话勾起了张奚若的兴致,他接过话茬,笑嘻嘻地说:"你闻伯伯刚到昆明那天,我还以为是从哪里来的癞头和尚呢!长发过耳,胡须满腮,走路一瘸一拐的,我还没看清是谁呢,他倒先开口说话了……"

张奚若说着,扭头看了闻一多一眼。闻一多拖着长声说道:"先生,讨一口水喝——行吗?"

满屋子的人都被闻一多的幽默风趣逗笑了,也对闻一多的乐观和勇气充满了钦佩。

长辈们乐观豁达的态度,使邓稼先的精神为之一振,一路上的奔波劳累也随之烟消云散。看着长辈们激昂的神态,他相信前方等待自己的将是一个崭新的天地。

为了完成学业,邓稼先和大姐邓仲先在昆明稍作停留后,又乘船前往四川江津,投奔四叔邓季宣。到达后,邓稼先插班进入江津国立第九中学读高三。安顿好邓稼先后,邓仲先自己回了昆明。

第一章
学科学才能救中国

西南联大的高才生

在四川江津读书期间,临行前父亲的嘱咐,不时在邓稼先的脑海里回响,这使他更坚定了科学报国的志向。一年后,他冒着纷飞的炮火,辗转来到重庆市区考大学,并取得了优异的成绩。1941年秋,邓稼先被国立西南联合大学物理系录取。

西南联合大学是一所特殊的大学,由北京大学、清华大学和南开大学南迁昆明之后联合兴办。学校的校舍是简易房,铁皮屋顶,黄土墙壁。校舍里整齐地排列着擦得发亮的桌椅,墙上悬挂着联大校徽和校歌歌词,环境安静而肃穆。

学校地处昆明市郊,附近是一片起伏的丘陵。物理系只有5栋平房,教学条件十分简陋,但实验室、资料室、教研室一应俱全。更重要的是,这里聚集了许多著名的学者,师资力量雄厚。虽然只存在了8年,但西南

第一章
学科学才能救中国

联大物理系在战乱之中仍然培养出了一批举世瞩目的杰出人才，在中国科学院院士中至少有20人出自西南联大。举世闻名的诺贝尔物理学奖得主杨振宁、李政道，也是从西南联大走出来的。

当时，昆明虽然是抗战后方，但日军的飞机也经常轰炸昆明。于是，"跑警报"就成了西南联大师生生活中的重要内容。每当空袭警报响起，师生们便纷纷奔向防空洞。邓稼先有时看书看得入了迷，对警报声浑然不觉。有一次多亏同学强行拉他进了防空洞，否则后果不堪设想。因为仅仅过了半个小时，他原来看书的地方就被炸弹炸出了一个大坑。

尽管学习条件十分艰苦，但邓稼先却不以为苦。在大师云集的学术环境中，在"千秋耻，终当雪，中兴业，须人杰"的激昂校歌中，他如鱼得水，得到了王竹溪、郑华炽等著名教授的教诲，在学术上、思想上都受益良多。

1945年8月15日，日本宣布无条件投降。世界人民反法西斯战争的胜利，中国人民抗日战争的胜利，使整个中国沸腾起来，也鼓舞了无数国人奋发图强。正值抗战胜利之际，邓稼先顺利拿到了西南联大物理系的毕业证书。

1946年,邓稼先历尽千辛万苦,从大西南辗转回到了阔别6年的北平。不久,邓稼先成了北京大学物理系的助教,这一年他刚满22岁,是北京大学最年轻的助教。

与杨振宁的深厚友谊

邓稼先与杨振宁,一个是核物理学家、我国"两弹一星功勋奖章"获得者,一个是物理学家、诺贝尔奖获得者,他们两个人从小便因父辈之间的交往而结缘,建立了深厚的友谊。

邓稼先的父亲邓以蛰与杨振宁的父亲杨武之,祖籍都是安徽。杨武之从美国留学归国后,于1929年在清华大学任教,他在清华园里的邻居就是邓以蛰。这一年杨振宁7岁,比邓稼先大2岁。

同乡的情谊,同事的扶持,相同的经历,使邓以蛰和杨武之交情甚笃。他们的孩子也延续了父辈间的友谊,从小建立起深厚的情谊。长大以后,邓稼先和杨振宁都

第一章
学科学才能救中国

在崇德中学读书,两个人很快成了要好的朋友。

杨振宁天资聪颖,才思敏捷;邓稼先也很聪明,不同的是,他的性格更沉稳,待人厚道。因此,他们一个是公认的"机灵鬼",一个则以老实忠厚而赢得了"邓老憨"的绰号。

这两个人在一起,互相取长补短,还时常讨论时事和学习方面的问题。课余时间,他们也形影不离,或趴在地上玩弹球,或在墙边以手代拍来模仿壁球游戏,或一起谈天说地,甚至比赛爬树。他们俩在一起时,常常是杨振宁口若悬河,邓稼先在一旁面带微笑地静静聆听。

杨振宁年长,经常以哥哥的身份关照邓稼先。在杨振宁的影响下,邓稼先对数学、物理等课程产生了兴趣,渐渐沉迷在神秘的数学王国中。他们经常一起看书、讨论问题。这两位志趣相投的朋友,自少年时代便树立了远大的理想。后来,邓稼先的夫人许鹿希问邓稼先:"小时候为什么喜欢和杨振宁玩?"他的回答让人感动:"因为杨振宁从来不欺负人。"

可惜好景不长,他们无忧无虑的校园生活,很快就被日本侵略者的枪炮声打破了,杨振宁随家人南下,迁往昆明;而邓稼先却留在了北平。

邓稼先的故事

邓稼先考上西南联合大学物理系时，杨振宁已经是西南联大物理系三年级的学生。两个人久别重逢，喜出望外，经常在一起学习功课，交流心得，互相帮助，互相鼓励。

那时正是抗战最为艰难的时候，昆明城经常遭到日军空袭，每次警报拉响，杨振宁总是拉上邓稼先，生怕他跑慢了。

战争打乱了正常的教学秩序，却扑不灭热血青年求学救国的热情。日本人的飞机狂轰滥炸之时，这两位未来的科学巨星，在防空洞中正热火朝天地谈论着复杂的原子世界。

抗日战争胜利后不久，杨振宁考入美国芝加哥大学物理系，攻读博士学位。邓稼先大学毕业后，回到北平，受聘为北京大学物理系助教，并担任北京大学教职工联合会主席。

两个好朋友走上了不同的人生道路，最后却又殊途同归，因为他们后来研究的课题都是探索微观物理世界的奥秘，并且都取得了卓越的成就。

第二章 『我学成一定回来』

经过再三考虑，邓稼先决定去美国留学，学习新知识，为参加祖国未来的建设准备更充实的知识基础。他的父亲邓以蛰对此非常支持。

来自东方的"娃娃博士"

在北京大学物理系担任助教的邓稼先,年龄比学生大不了多少,很快便以温文尔雅的举止谈笑、平易近人的态度、清晰透彻的论述,赢得了学生们的好感和尊敬。学生有什么不会的问题,都可以和他交流探讨。

当时抗日战争虽然取得了胜利,但国内依然危机四伏,国民党统治下的北平政治黑暗,特务横行,经济衰败,老百姓生活艰难,学生们也无法静心学习。不久,"反饥饿,反内战,反迫害"的学生运动风起云涌,在全国各地开展起来。

那时邓稼先加入了中国共产党领导的进步青年组

织——中国民主青年同盟，并且成了其中的骨干人物。他积极参加北京大学"讲助会"的工作，募集了大量钱款和物资，援助贫困学生。他还经常在教师宿舍和青年朋友们一起议论时局、抨击时弊，学习马列著述和毛泽东的《新民主主义论》。渐渐地，他意识到，要建设一个政治独立、经济繁荣、文明先进的新中国，必须努力学习现代知识，掌握先进的科学技术。

经过再三考虑，邓稼先决定去美国留学，学习新知识，为参加祖国未来的建设准备更充实的知识基础。他的父亲邓以蛰对此非常支持。

1947年，邓稼先顺利通过赴美研究生考试。

赴美之前，邓稼先写信征求已赴美留学的好友杨振宁的意见，问他到美国哪所大学就读较为合适。杨振宁根据邓稼先的实际情况，建议他选择印第安纳州的普渡大学。原因有二：第一，普渡大学离芝加哥很近，他可以帮助邓稼先申请该校博士研究生的入学许可，而且两个人能经常见面；第二，普渡大学的理工科水平很高，在美国理工科大学位列前10名，而且学费比较低，不至于有太大的经济压力。

邓稼先离开北平前，邓以蛰想到灾难深重的国家，

第二章
"我学成一定回来"

心情沉郁地叮嘱他:"稼先,你此次到了美国,要珍惜这个难得的机会,发奋学习西方先进的科学技术。中国明日之强盛,要靠科学。"

望着父亲因患肺病而变得异常苍白的面孔,邓稼先紧紧地握着父亲枯瘦如柴的手,连连点头:"无论如何,我都不会辜负爸爸对我的期望……"

当时,杨振宁的弟弟杨振平正好也要去美国留学,杨武之便将杨振平托付给邓稼先,让他们二人结伴而行,乘坐美国邮轮前往大洋彼岸。

邓稼先的朋友袁永厚来为他送行,并且建议他留在北平迎接解放。袁永厚说:"新中国的诞生不会是很遥远的事情,天快要亮了。"邓稼先说:"将来祖国建设需要人才,我学成一定回来。"后来的事实也证明,他是一个说到做到的人。

晚霞倒映在海面上,一片绯红。随着一轮红日慢慢隐入苍茫的大海,海面也由绯红变成墨紫。邓稼先伫立在甲板上,思绪万千。他看着船头激起的浪花被浩瀚的大海悄无声息地吞没,感到神秘的大海里隐藏了太多故事,情不自禁地想起了50多年前中日甲午海战那悲壮而又屈辱的一幕幕场景,耳边又响起了"落后就要挨打"

第二章
"我学成一定回来"

的警世名言。

邮轮行驶到檀香山附近时，同船的一位华人随手打开身边的世界地图手册，指着檀香山附近的天使岛，沉痛地讲述道：

"那座岛，美其名曰'天使岛'，其实，在华人的心目中，它哪里是什么天使岛，简直就是一座地狱岛，是无数华人被欺辱的人间地狱。近百年来，众多华人不堪忍受贫困与饥饿，冒险漂洋过海，到大洋彼岸谋生。

"但是，凡是到美国的华人，都要先去那个岛上接受当局的审讯。一家人被分开监禁，分开审讯。如果一家人回答不一致，必遭毒打。有的人下落不明，有的人被逼疯，有的人被毒打致死。

"据统计，在天使岛上罹难的华人，不少于30万，其中不乏有文化、有知识的人。人死了，他们的绝命诗还留在岛上，告诫后人要万分小心，不要落入歹人的魔爪。有人这样写道：'梦断天使岛，魂归我中华。'"

这个残忍、可怕的故事，让刚出国门的邓稼先内心一阵酸楚，父亲的教诲再一次在他耳边响起："贫穷落后就要被人欺侮。只有国家富强起来，才能跟洋人讲平等。每一个华夏子孙，都应该为中华崛起而奋斗。"

邓稼先的故事

1948年秋,邓稼先通过考试,进入美国印第安纳州的普渡大学物理系。

邓稼先入学时,普渡大学已经建校72年,它的名气虽然比不上哈佛、耶鲁等大学,但学术水平很高,师资堪称世界一流,教研设施也很完善,在华人学子中还流传着"清华认麻省,交大认普渡"的说法。普渡大学的物理系在国际上也是榜上有名。

最早开始研究核物理的科学家詹姆斯·查德威克和奥托·哈恩,本意是想在地球上找到一种新能源,解决困扰人类的能源问题。第二次世界大战全面爆发后,各强国看到了核技术的诱人前景,纷纷投入对核物理的研究。1945年7月16日,美国在位于新墨西哥州的阿拉莫戈多沙漠的零点山上,试爆成功了人类历史上第一颗原子弹。1945年8月6日,美国将原子弹用于实战,空投在日本广岛。原子弹爆炸的强烈光波,使成千上万人双目失明;上亿摄氏度的高温,把一切化为灰烬;放射雨使一些人在之后20年中痛苦而缓慢地死去;冲击波形成的狂风,又把所有的建筑物摧毁。人类从此生活在核弹的巨大威胁之中,这是两位科学家始料未及的。

邓稼先意识到,掌握好核物理这门学科是到达科学

第二章
"我学成一定回来"

前沿的必经之道。他的导师是荷兰人德哈尔。德哈尔研究核物理多年,具有指导研究生的丰富经验。邓稼先在与德哈尔第一次见面时,就表达了自己渴望学习核物理的强烈愿望。德哈尔被这个中国年轻人的热忱与恳切所打动。

在德哈尔的引导下,邓稼先来到了一座大厅,第一次亲眼看到了以前只在书本上看到过的粒子加速器。德哈尔向邓稼先介绍了加速器的工作原理。这时,邓稼先不禁想起了以前读过的"美国原子弹之父"奥本海默的一段话:

"所谓原子系统的量子理论,起源于20世纪初,而对它所做的辉煌的综合与分析则完成于20年代。那是一个值得歌颂的时代,它不是任何个人的功绩,而是包含了不同国家许多科学家的共同努力……对于那些参加者,那是一个创造的时代,他们在对事物的新的认识中既感到满足,也感到恐惧。这也许不会作为历史而全面地记录下来。……这个工作的领域和我们日常经验的距离是如此遥远,因此很难想象它能为任何诗人或任何历史学家所知晓。"

邓稼先知道,奥本海默的话是对的,对于平常人来说,这确实是一个陌生而遥远的领域,要想在这个领域里自由翱翔,必须付出数倍于常人的努力。

幸运的是,邓稼先在西南联大时便打下了深厚的数理化和外语基础。进入普渡大学后,他凭借良好的知识基础和敏捷的思维,很轻松便拿到了一些课程的学分。尤其是德语课——这是他在西南联大学的第二外语,掌握得很好,所以尽管他在普渡大学一次也没有去听德语课,考试居然也顺利通过了。他把节省下来的时间,都用来钻研核物理发展前沿的最新成果。

邓稼先是以自费生的身份进入普渡大学的,后来因为各门功课的考试成绩都达到了优异级别,获得了奖学金,生活也有了改善。

邓稼先的导师德哈尔对他的学习表现十分满意,高兴地称他是"来自东方的高才生"。德哈尔让邓稼先去研究"氘核的光致蜕变",这是一个很吸引人的热门难点课题,如果细分的话,属于理论物理范围。当时世界上有很多物理学家想要研究这个课题,但都因难度太大而持观望态度。

这时,邓稼先又一次展现了自己惊人的学习能力,在另一位导师贝林凡特教授的指导下,他仅用一年又

第二章
"我学成一定回来"

十一个月便修满了学分,并且完成了博士论文,于 1950 年 8 月取得了博士学位。

这一年,邓稼先刚满 26 岁,被人们称为"娃娃博士"。

谁也别想阻止我回国

邓稼先取得博士学位后,导师德哈尔想带他去英国,对氚核的物理性能进行更深入的研究。如果去英国,在世界一流的实验室里做研究,便可以站在物理学发展的前沿,取得更大的研究成果。这对一位有志于科学研究的青年来说,是很有诱惑力的。邓稼先也很心动,但是,他冷静下来一想,自己出国留学是为了什么?不就是为了建设祖国,使国家富强起来吗?更何况,那里还有自己朝思暮想的亲人。

1949 年 10 月,当中华人民共和国成立的消息传到美国时,邓稼先激动不已,知道机会已经来临,他要尽快回到祖国,把自己学到的科学知识用于新中国的科学事业，为祖国建设服务。

此前不久，邓稼先还曾作为普渡大学的代表，在海外华侨的进步组织——留美中国科学工作者协会的一次聚会上，发表了充满激情的演讲。他说：

"古诗云：'胡马依北风，越鸟巢南枝。'鸟兽尚且如此，何况人乎？也许有的游子心中的'白日'，一时会被物质的浮云遮蔽，但绝不会有一片浮云可以永远遮住太阳。对故乡的深情，终究会驱散蔽日的浮云；明媚和煦的阳光，会照耀在每个游子的心头。

"目前，在回国的事情上，的确出现了一些麻烦。但是，我们能不能满怀喜悦地踏上祖国的土地，取决于我们自己，取决于我们所有的中国留学生。只要我们齐心协力，坚决斗争，就没有闯不过去的难关。"

为了庆祝中华人民共和国的诞生，1950年暑假，100多名留美中国科学工作者协会的进步知识分子，在芝加哥北部的邓肯湖畔举行了集会。他们在硕大的蛋糕上，插了一面五星红旗的标志，为祖国的新生开怀畅饮。

入夜，湖畔燃起了熊熊篝火，大家手拉着手，围在篝火旁齐声高唱《团结就是力量》，雄壮的歌声传达了

第二章
"我学成一定回来"

海外赤子的拳拳爱国之心。

才华横溢的邓稼先满怀激情,朗诵了自己创作的一首抒情长诗:

> 当一场暴风雨过后,祖国已迎来灿烂的黎明。
> 红旗随朝霞升起,百鸟在枝头欢鸣。
> 而我们这里,却夜幕垂空,灯火通明。
> 母亲啊,
> 你可听见我们的欢唱,
> 你可听见我们的心声。
> 我们已采撷无数鲜花,
> 我们已握有知识利器,
> 我们已结成友谊的联盟。
> 这一切,我都为了你,母亲!
> 让太平洋的波涛,为我们铺路;
> 让天空烂漫的云霞,为我们架起长虹——
> 我们就要回到你身边,祖国啊,母亲!

1950年8月31日,在美国获得博士学位后仅9天,邓稼先履行自己的诺言,放弃美国优越的生活条件,毫不犹豫地登上"威尔逊总统"号轮船,踏上了返回祖国的归程。

他这么匆忙,除了回国心切,还因为当时美国国内出现了一股反共反苏的排外狂潮,在政治、教育和文化领域都有不少人被扣上"莫须有"的罪名,遭到迫害。邓稼先有一种不好的预感。特别是1950年6月朝鲜战争爆发,国际形势发生了急剧变化,中美关系变得十分紧张,如果不尽快行动,难免夜长梦多。所以,邓稼先在8个月前就开始办理回国的手续。事实证明,他的判断没有错,钱学森就是在这种氛围中被美国联邦调查局带走关押的。

随着一声汽笛长鸣,轮船终于起航了,邓稼先长长地松了一口气。

在船上,邓稼先意外地遇见了父亲的故交,曾在西南联大任教的赵忠尧教授。邓稼先小时候常常跟着父亲到赵忠尧家做客。抗日战争爆发后,赵忠尧调任中央大学物理系主任,举家迁往重庆,两家的联系一度中断。能在回国途中与赵忠尧相遇,邓稼先十分高兴。

赵忠尧于1946年受中华民国政府的委派,赴比基尼群岛观摩美国的原子弹试验,之后又在美国麻省理工

第二章
"我学成一定回来"

学院、加州理工学院等处进行核物理和宇宙线方面的研究。他听到中华人民共和国成立的消息后,购买了许多国内极其缺乏的物理实验器材等,装了大小40多箱,并突破重重阻挠,将这些器材先行运回国内。

也正因为如此,赵忠尧在"威尔逊总统"号邮轮上受到了美国联邦调查局人员的无理盘问和搜查。由于没有任何证据,调查人员只好将他放行。

邓稼先从赵忠尧这里了解到钱学森事件的前因后果,气愤地说:"因为他们知道,社会主义新中国一旦插上科学的翅膀,将会生出与美国抗衡的力量。"

美国政府对于赵忠尧这样一位足以比肩诺贝尔物理学奖得主的大科学家奔向新中国,始终不甘心。于是,当"威尔逊总统"号途经日本横滨并停靠码头时,赵忠尧等三人被美国联邦调查局人员带走,关押在巢鸭监狱,等候接受调查。

邓稼先目睹此事,非常震惊和气愤。在国内各界人士、加州理工学院及赵忠尧在美国的朋友的通电声援下,赵忠尧等人终于在1950年11月15日重获自由,乘船取道香港,回到了祖国。

和邓稼先同船回国的留学生与科学家一共有100多

名，他们怀着报效祖国的赤子之心，放弃国外优越的工作条件和生活环境，义无反顾地回来了！

回国后，邓稼先被正在招揽人才的钱三强看中，进入了刚刚组建半年的中国科学院近代物理研究所，在理论组任助理研究员，不久又升为副研究员。从1950年10月起，他在这里大约工作了8年，在彭桓武教授的直接领导下，从事原子核理论研究。

当时，核物理在我国还是一块空白，就在这张白纸上，邓稼先和一批青年伙伴，在彭桓武的带领下一起谋划布局，志在描绘出最新、最美的图画。从1951年到1958年，他或是独立，或是与人合作，在《物理学报》上发表了多篇论文，为我国原子核物理研究做了开拓性的工作。

第二章
"我学成一定回来"

命中注定的姻缘

邓稼先立志建设祖国、振兴民族的愿望,正在一步步的实现当中。与此同时,他的个人生活也发生了可喜的变化,找到了自己一生中的挚爱,她就是许鹿希。

邓稼先与许鹿希算不上是青梅竹马,但他们的父亲都是北京大学的教授,两家是世交。

许鹿希的父亲许德珩,是著名的爱国民主人士、政治活动家、教育家、学者,九三学社的创始人和杰出领导者。他早年曾到法国留学,师从居里夫人研究放射性物理学。回国后身兼多个政治职务,1931年受聘到北京大学任教。

中华人民共和国成立前,邓、许两家都住在府学胡同的北大宿舍,相邻而居,走动自然也多,关系日渐密切。邓以蛰为人热情好客,他的妻子也很贤惠,烧得一手好菜,经常叫许家人来吃饭小聚。

邓稼先的故事

那时许鹿希还小,而且身体不太好,所以父母去邓家做客时从来不带上她。不过,她也常常从母亲嘴里听到邓稼先的"事迹"。

据说邓稼先小时候十分顽皮。有一次,许鹿希的母亲从邓家串门回来,笑着跟家人说,邓家这个男孩子很调皮,家里请客,两个姐姐都穿得整整齐齐,招待客人,唯独邓稼先坐在家里大门的门槛上,不停地向外张望,一有人来,他就高声报门,整个胡同都可以听到他的声音:"许伯伯、许伯母到!"然后脚一蹬,门就开了。

许鹿希听了邓稼先的这些"事迹",对他更加好奇了。

此外,邓稼先的姐夫郑华炽也与许鹿希的父亲有一些交情。

邓稼先到美国留学之前,许鹿希已考入北京大学医学院。其实她还同时考上了协和医学院、湘雅医学院、燕京大学、南开大学、金陵女子大学,但湘雅、协和的学费很贵,而北大医学院不仅不收学费,每个月还发一袋面粉,许鹿希为了缓解家中的经济困境,选择了北大医学院。

冥冥之中,这也为许鹿希和邓稼先的接触创造了条件。邓稼先在北大物理系当助教时,会给医学院的学生

第二章
"我学成一定回来"

上实验课。俩人多年未见,如今在北大邂逅,而且许鹿希的物理成绩还不错,邓稼先对她颇有好感。许鹿希对这位温文尔雅的邻家哥哥也暗生情愫。不过,医学院的课业十分繁重,许鹿希忙于学习,于是,两个人都将这份美好的情愫深藏在心底。

后来,邓稼先前往美国留学深造,而许鹿希也专注于研究医学。当时医学院的女生比较少,男生很多,仰慕追求许鹿希的人并不少,但她都没有答应。

1950年邓稼先从美国回来后,经常往大姐邓仲先家里跑,在她家吃晚饭。此时邓稼先已经20多岁,正是适婚年龄,朋友们纷纷给他介绍对象。有一次,有人给他介绍了一个姑娘,见面后,姐姐邓仲先问他对姑娘的印象如何。他有些嫌弃地说:"搽那么多脂粉,熏死人了。"

当时邓仲先和丈夫郑华炽住在北京大学教授宿舍,与许德珩一家也有来往。加上邓以蛰体弱多病,而许鹿希恰好学医,邓家就经常找许鹿希来帮忙看病。一来二去,邓稼先与许鹿希的接触也多了起来。

许鹿希的母亲是看着邓稼先长大的,对小时候聪明、顽皮的邓稼先印象很好,还亲切地称他为"邓孩子"。邓稼先长大后又一表人才,而且教书认真,许母更加看重他。邓仲先也很喜欢清秀、端庄的许鹿希,于是,在邓仲先和许母的撮合下,邓稼先和许鹿希走到了一起。

他们的恋爱,虽然物质贫乏,但并不缺少快乐。邓稼先活泼、幽默而又不失浪漫,而且两个人有着共同的观点和爱好,所以生活充满了情趣。许鹿希回忆他们恋爱时的情景说:

"那时候没有很多的花样,礼拜六都在上课,也就是礼拜天有空,都是骑自行车出去玩。他的车技很好,我也很会骑车。郊外很多地方没有公共汽车,我们就骑车到处玩。

"我们去得最多的地方就是复兴门外的公主坟,那时候公主坟是一个很荒凉、人烟稀少的地方,不像现在,车水马龙的。公主坟附近有一个叫什坊院的地方,新中国建立前医学院有一个医疗站设在那里,实际上是我们地下党秘密会面的地方。医疗站给老百姓看病或者是打预防针,我们经常去那儿。

"有时候我跟邓稼先两个人骑着自行车带点儿吃的,一边溜,一边唱歌,找一个有树荫、凉快一点儿的地方坐坐,聊一聊天,吃点儿东西,然后两个人再回来;或者到公园去玩,那时候经常去颐和园划船,冬天到北

第二章
"我学成一定回来"

海公园滑冰。……邓稼先滑得非常好,里八字、外八字都会。跟他去滑冰也不觉得冬天有多冷了,在冰场滑着滑着,浑身就热起来,感觉整个人都变了。那时候年轻,工作也没有那么忙碌,生活真是快乐啊!

"(20世纪)五六十年代没有像现在这样,年轻人玩的东西不是特别多,但邓稼先爱好很广泛,在他的带动下,每天的日子都很充实。邓稼先这个人很会玩、很活泼,他游泳游得可以在水上漂,游得不快的时候,能漂起来。

"邓稼先最拿手的就是抖空竹,抖得非常棒,往往引来旁人佩服的目光。我们常玩的是两头大、中间细的最经典的空竹。那种一头是小疙瘩、一头是大疙瘩的也很好玩。"

有情人终成眷属。1953年,许鹿希从北大医学部毕业后,与邓稼先喜结连理,主婚人是中国科学院副院长吴有训。结婚的时候,许鹿希没有披婚纱,也没有坐花车,他们在一间七八十平方米的教室里举办了简单而朴素的婚礼。邓稼先请了一些同事、朋友,买了糖和点心,大家一起高兴地念诗、唱歌、玩游戏,向这对新人送上真诚的祝福。

第二章
"我学成一定回来"

一个是温婉聪慧的女大学生,一个是从美国留学归来的青年才俊,两个人可谓天造地设的一对。这一年,邓稼先29岁,许鹿希25岁。

幸福的四口之家

结婚以后,邓稼先和许鹿希过着幸福愉快的生活。第二年,他们就有了大女儿典典;两年后,儿子平平也降生了。

邓稼先每天下班一回到家,就去逗女儿玩,让她叫爸爸,而且还要叫"好爸爸""好好爸爸"。初为人父的喜悦,让他比孩子还淘气。儿子长大一些后,有段时间,邓稼先吃完晚饭就拿着手电筒带他去捉蛐蛐,捉回来装在罐子里,逗它叫。父子俩玩得非常开心。

邓稼先经常会发表一些文章,如果有了稿费,邓稼先首先想到的是给孩子买玩具。孩子还很小的时候,他就给两个孩子分别买了一辆小自行车,结果却骑不了。

于是，他又买了一把摇椅，让孩子坐在里面，他在旁边摇，一家人其乐融融。

每到周末，邓稼先便骑上自行车，让女儿坐在大梁上，许鹿希则抱着儿子坐在后面，一家人悠闲地逛公园，或者去看爷爷奶奶。他们常常带上足够的食物，到颐和园一玩就是一整天。

有一年春节，邓稼先和许鹿希带孩子去逛厂甸庙会，拥挤的人群把他们挤散了。许鹿希找不到他们，心里十分着急，就喊邓稼先和孩子的名字。邓稼先听见后，马上把孩子举起来骑在自己肩上，方便许鹿希找他们。这方法确实有效，许鹿希一眼就看见了，拼命地挤过去。邓稼先笑着对她说："你刚才往这边挤的样子很着急、很可爱，我给你买个空竹作为安慰吧。"

邓稼先的爱好有很多，也很会玩。许鹿希回忆说："邓稼先还特别爱玩弹球。就是那种小玻璃球，在地上挖几个小坑，把小玻璃球弹到挖好的小坑里。后来他又喜欢打乒乓球，我打乒乓球不行，他打乒乓球很厉害。因为他是左撇子，他用左手打乒乓球，他那么一抽对方接不着。

"邓稼先爱唱歌，能用德文、俄文、英文唱《欢乐颂》，特别是用德文唱《欢乐颂》，特别动听。"

第二章
"我学成一定回来"

邓稼先还喜欢京剧,他的爱好逐渐影响了妻子。许鹿希说:"他爱唱戏,爱听戏。我们那时候也经常去剧院看戏,他有时候学京剧,捏着细嗓子学梅兰芳唱,学得挺像,尤其是《苏三起解》唱得非常好。"

有时候,一些京剧的段子许鹿希听不懂,邓稼先就坐在旁边一句一句地给她说词。不久,京剧的无穷魅力就将许鹿希深深地吸引住了。两个人有了共同的爱好后,便找机会安顿好家事和孩子,去剧院听戏。

"那时工作之余有好戏都去看,常常到一流的剧院去看一流的京剧、芭蕾舞。那个年月,刚开始票很贵,看的人少,票好买,想看去买票就是了。后来票比较便宜了,看戏的人多了,戏票就不好买了,邓稼先就到剧场门前去等退票。他等退票有自己的独门绝技,他手里拿着钱,观察来往的行人,一看过来人脸上的神色,他就知道这人退不退票。看到有退票的人,他马上过去先把钱给人家,然后再接人家手上的票。"

每次从剧院出来,往往已是夜深人静,在银色的月光下,邓稼先一边陪许鹿希散步,一边惟妙惟肖地学唱戏里的唱段。

在性格上,邓稼先好动,许鹿希好静,但是他们相处却十分融洽，让身边的朋友羡慕不已。

世上的一切都会在时间长河中消磨殆尽，唯有深刻而美好的记忆能够历久弥新。邓稼先与许鹿希的这段姻缘给了彼此坚实的依靠，让他们内心充满安定与信任。

第三章 一定要造出"争气弹"

草草吃过晚饭后,邓稼先一反常态,没有陪孩子们玩耍,也没有和妻子说话,他沉默地坐了一会儿,就独自上床休息了。然而他躺在床上,翻来覆去,怎么也睡不着。

宁愿挨饿,也不要挨打

中华人民共和国刚成立的时候,可以说是一穷二白,几乎没有什么工业基础。然而,在当时的国内外形势下,国家决定排除万难,研制原子弹,这不能不说是一个惊人的决定,或许还会被嘲笑为痴人说梦。

现在回过头去看,这个决定是多么伟大、光荣、正确。这一切都是因为,落后就要受欺负。

当时,世界上一些大国已经实现了现代化,进入了所谓的"原子时代"和"喷气时代"。在抗美援朝战争中,美国基于多种原因考虑,最终没有对中国使用原子弹,但在之后的日子里,美国一直没有停止过针对中国的核

邓稼先的故事

讹诈、核威胁。

在台湾问题上，美国首先想到的又是原子弹。当时的美国国务卿杜勒斯多次在公开场合宣称，一旦远东发生战争，美国将使用一些小型战术原子武器。在一次记者招待会上，记者问时任美国总统艾森豪威尔对杜勒斯的话有何看法，艾森豪威尔平静地说："我找不出任何理由不使用核武器，就像你在打仗时找不到任何理由不使用子弹一样。"台湾是中国的神圣领土，美国这种赤裸裸的核威胁，深深地刺痛了中国人民的心。

中国人民热爱和平，对使用原子弹持坚决反对的态度。然而，要想摆脱美国的核威胁，并在反对核武器一事上取得发言权，就一定要拥有属于自己的原子弹。

当然，中国要发展原子能，并没有那么容易，首先必须克服几个难关：一是经济关，二是人才关，三是技术和设备关，四是核材料关。当时中国还没有发现能开采的铀矿，没有它，准备得再充分也无济于事。

为了创建自己的核工业，我国开始积极争取苏联的援助。

1954年9月29日，苏联最高领导人赫鲁晓夫率代表团参加中华人民共和国成立5周年庆典。这是赫鲁晓

第三章
一定要造出"争气弹"

夫上任后首次访问中国。当中国领导人问及苏联对中国研制核武器的态度时,赫鲁晓夫认为,中国目前更应该集中力量发展经济。最后,赫鲁晓夫做出了一些让步,表示愿意帮助中国建设一个小型实验性核反应堆。

同年秋天,中国的原子能事业终于迎来了一个至关重要的契机。一个令人振奋的消息传到了中南海——地质部在广西的杉木冲一带发现了铀矿苗头!

与此同时,国际形势也发生了对我国有利的变化。随着美国与其盟国在核技术领域的合作由秘密走向公开,核实力的天平逐渐倾斜到了资本主义阵营一方。在此情况下,苏联也不得不改变策略。赫鲁晓夫公开宣布,将帮助中国和东欧4个社会主义国家进行和平利用原子能的研究。

消息传来后,中国马上组织了一个代表团,由刘杰、钱三强率领,去苏联重点谈"一堆一器"。代表团出发前,周恩来叮嘱他们要严格按苏联原子能援助的计划开展洽谈,避开原子弹的话题。

代表团此行收获喜人。1955年4月,中苏秘密签订协议,苏联将帮助中国建设研究性重水反应堆和回旋加速器。同时,经苏联政府同意,中国紧急抽调了300名正在苏联和东欧留学的学生,改学原子能相关专业。

后来,赫鲁晓夫在回忆录中表示,当时他是出于压制对方阵营的考虑,如果中国开始涉足一点儿原子弹,就会对美国及其盟友形成某种威胁,从而减轻苏联受到的压力。

1956年8月,中苏两国政府签订了《关于苏联援助中国建设原子能工业的协定》。

当时,负责国防科技工作的是有"儒帅"之称的国务院副总理聂荣臻,他建议"和苏联谈一谈援助的具体问题,请他们派专家来,提供一些资料,由我们自己搞"。征得周恩来的同意后,聂荣臻与苏联驻华经济技术总顾问阿尔希波夫联系,会谈取得了初步成效。

1957年9月,聂荣臻、陈赓、宋任穷等人率代表团来到莫斯科,经过长达35天的谈判,终于在10月15日签订了中苏两国历史上有名的《国防新技术协定》,也称中苏《10月15日协定》。协定中规定,为援助中国研制原子弹,苏联将向中国提供原子弹模型。

这个时候,苏联和美国都成功试爆了氢弹,而且洲际导弹研制成功了洲际导弹。与中方谈判期间,苏联还发射了世界上第一颗人造卫星,轰动了全世界。

第三章
一定要造出"争气弹"

虽然苏联的承诺目前还只是写在纸上的文字,而且提供的大多是过时或即将过时的装备,还得花钱购买;虽然苏联拒绝中国代表团参观核心工厂,并且拒绝提供核心技术,但这对于当时一穷二白的新中国来说已经很知足了。

为国家放一个"大炮仗"

中苏《国防新技术协定》确定了苏联将向中国提供原子弹模型,对此,中国方面还要组建一支研制原子弹的科研队伍。

1958年春,第二机械工业部(简称"二机部",后改名为核工业部)部长宋任穷,对副部长、原子能研究所所长钱三强说:"发展核武器,现在的关键是缺乏核物理研究人才。我把你请来,是希望你能推荐人才,把这些人才集中在一起,先攻下原子弹。"

同年7月,二机部在北京成立了核武器研究所,又称九所,由二机部九局(核武器局)局长李觉兼任所长,副局长吴际霖、郭英会兼任副所长。刚刚成立的九所,首要任务是准备接收苏联提供的原子弹模型和图纸资料。

当时,中国杰出的核物理学家基本上都在原子能研究所。九所可用之人不多,所长李觉十分着急,想要调人过来,但又不知道该调哪些人。除了业务能力,那个年代还有一个极其重要的用人标准——政治上绝对不能有问题,因为从事的是极度保密的工作,不容有任何闪失。

李觉找到刘杰、钱三强,说其他人手都可以暂缓,但必须马上调一个人来组织接收苏联援助的原子弹模型,并进行资料的翻译、学习。

刘杰当即表示,最好由钱三强去物色合适的人选。

钱三强认为,这个人选,一是要政治条件好、组织观念强,有一定的组织协调能力;二是要专业对口,学过核物理专业,有较高的专业水平和科研能力,但是名气又不能太大,这样才易于和苏联专家打交道;三是要出国留过学,懂英文、俄文,善于和洋人打交道。另外还必须是年轻人,因为年龄大的人在体力、精力上都吃不消。

李觉皱着眉头说:"这样的人恐怕很难找。"

第三章
一定要造出"争气弹"

钱三强却笑着说:"这个人呀,两年前我就已经给你物色好了。"

刘杰和李觉都愣了一下,赶忙问道:"是谁?"

钱三强也不卖关子,直接说出一个名字:"邓稼先!"

原来,钱三强在中国科学院学术秘书处担任秘书长时,邓稼先是理化学部的副学术秘书,所以他对邓稼先十分了解。

就这样,1958年仲夏的一天,邓稼先接到了钱三强打来的电话,他预感到将有重大事情发生,怀着既兴奋又有些忐忑的心情,来到钱三强的办公室。

见面后,钱三强直奔主题道:"小邓,我们要放一个大炮仗,想调你去做这项工作,你觉得怎么样?"

"大炮仗?"学过核物理专业的邓稼先立刻明白了它的含义,但他对于这项突如其来的艰巨任务,心里实在没底,于是小声地问道,"钱副部长,您看我行吗?"

"当然不是你一个人,还有很多专家和你一起工作。不过,你的工作十分重要而光荣,这是组织的决定。"

"我的任务是什么?"

"你近期的任务是向苏联来华专家学习,弄懂即将从苏联运来的那颗模型弹,另外还有一车皮资料,你带人去翻译。"

一直以来想为祖国的国防建设做贡献的愿望,终于要实现了,邓稼先心情十分激动,同时也明白这个担子的重量。

钱三强用人识人的眼光,令邓稼先的好友杨振宁十分佩服。邓稼先去世的第二年,即1987年的11月17日,杨振宁从纽约写信给钱三强,对他慧眼识人表示敬意。

1990年,杨振宁再次盛赞钱三强推荐邓稼先的举动。他说:

"我也很佩服钱三强先生推荐邓稼先去做原子弹的工作。因为那时候中国人很多呀,他为什么推荐邓稼先呢?我想,他当初有这个眼光,指派了邓稼先去做这件事情,现在看起来,当然是非常正确的,可以说做了一个很大的贡献。因为他必须对邓稼先的个性、能发挥作用的地方有深切的了解,才会推荐他。

"这个推荐是非常对的,跟后来中国的原子弹、氢弹工作的成功有很密切的关系。邓稼先是一个很聪明的人。不过,我想他最重要的特点是他诚恳的态度,跟他不懈的精神,以及他对中国的赤诚的要贡献他的一切的这个信念。"

第三章
一定要造出"争气弹"

"就是为它死了也值得"

对邓稼先和许鹿希来说,婚后前5年是他们最快乐的日子。这段时间,他们浪漫而甜蜜,温馨而富足。但是,随着邓稼先工作的突然变换,他们的家庭生活轨迹彻底改变了。

许鹿希始终记得邓稼先接受任务后,回到家里的情景:

那天,邓稼先回家比平时晚一些。他进门时,4岁的女儿典典正和2岁的儿子平平玩耍,一切都和平常一样,许鹿希随口问了一句:"今天怎么晚了?"邓稼先默默地点了点头,没有作答。

草草吃过晚饭后,邓稼先一反常态,没有陪孩子们玩耍,也没有和妻子说话,他沉默地坐了一会儿,就独自上床休息了。然而他躺在床上,翻来覆去,怎么也睡不着。

许鹿希看着丈夫的异常表现,心中隐隐感到有些不安。她静静地躺在丈夫身边,久久没有入睡。

那天晚上,天上的月亮又圆又亮,以往遇到这样的夜晚,他们总会出去走走,在月光下闲庭信步。可是,今天晚上邓稼先却没有了这份闲情逸致。

夜已经很深了,窗外银色的月光洒满大地。许鹿希注意到丈夫也在望着窗外的月亮。一阵长久的沉默之后,她有些沉不住气了,问道:"你今天是怎么了?"

听到妻子的问话,邓稼先干脆坐起来,靠在床沿上,轻轻地拉着她的手,眼睛却依然看着外面的月亮,说:"希希,我要调动工作了。"

"调哪儿去?"

"这不能说。"

"做什么工作?"

"这也不能说。"

"那给我一个信箱号码,我给你写信。"

"这恐怕也不行。"

简短的对话,让许鹿希十分难过,看来不能再问下去了。他们结婚的时间还不是很长,孩子年幼,虽说是工作调动,却不知道他去哪里、去干什么,许鹿希忍不住多想。丈夫神秘的新工作让许鹿希的心情十分沉重。

邓稼先的故事

邓稼先见妻子不再询问,转头看着她,那是一张忧伤的脸庞。为了安慰妻子,他说,如果他能做好这件事,这一生就活得很有价值。他突然又补充了一句:"就是为它死了也值得。"

听到这话,许鹿希的眼泪流了下来,不解地问道:"你到底要调到哪儿去啊,做什么事情要下这样的决心?"

邓稼先没有正面回答,只是温柔地说:"工作会很忙,家里的事情我是管不了了,一切就辛苦你了。"

许鹿希和邓稼先生活了这么多年,对丈夫已经十分了解。既然他下了这样的决心,一定是不能改变的;他情愿付出生命也要去干的事情,也一定不简单。

是的,搞原子弹研制,必须隐姓埋名,不能发表学术论文,不能公开做报告,不能出国,不能和过多的朋友来往,不能泄漏自己的工作地点,更不能公开工作内容,不能告诉父母亲人……这种秘密工作不但要求一个人放弃名利,而且还要改变自己的性情和生活方式。

对于这一切,邓稼先心中已有准备。放弃名利对他来说很容易,因为他本来就不是追逐名利的人;但是,断绝和朋友的来往,把自己的人际交往范围限制在一个狭小的圈子里,对于性格活跃又很重感情的他来说,却

第三章 一定要造出"争气弹"

有些难熬,需要一个适应的过程。

邓稼先不慕虚荣,却有很强的荣誉感。被党选中从事秘密工作,这种政治上的信任,对他是巨大的精神鼓舞,何况是造原子弹这样关乎国家命运和前途的重任,他义不容辞!

只是万事开头难,这副担子实在是太沉重了。邓稼先虽有从事核物理研究的经历,在原理上不是外行,但是原理和武器之间的距离却差着十万八千里,他担心自己做不好,无法向党和人民交代。

在对未知的紧张与惶恐之中,邓稼先和许鹿希都心事重重,度过了一个不眠之夜。

一切从零开始

邓稼先是第一批到九局报到的科学家,同时报到的一共有3个人。新成立的九所选址在北京北郊,当时还是一片高粱地。1958年8月,邓稼先带领28名大学毕业生,开始了制造"大炮仗"的第一步——盖房子。

根据苏联专家的意见,他们需要在这片高粱地上建造一间原子弹模型大厅。为了早日开始科学研究,邓稼先带领28个年轻人,和施工队一起,砍高粱、平场地、修路、挑土、抹灰、砌墙,为原子弹的研制工作做"热身运动",在工地上干得热火朝天。

作为出身于书香门第的高级知识分子,邓稼先在生活上却并不挑剔,不挑吃、不挑穿、不挑住,干活儿也很卖力气,虽然"一看就是个没干过活儿的人",但他干活儿的认真劲儿却让人连竖大拇指。

当时的工地食堂非常简陋,连桌椅都没有,大家打好饭菜只能端到外面,三三两两地蹲在地上吃。邓稼先常常吃到一半就把饭盒放在地上,跟别人聊起工作来。有好几次,他的饭菜成了工地上放养的鸡的"高级饲料"。大家看到他的饭又被鸡吃了,既觉得好笑,又很关心,纷纷将自己的饭菜拨给他。

北方的初秋,太阳依然火辣辣的,但大家干劲儿十足,一个个赤膊上阵。他们在工地上拉起了一条标语:"晒黑皮肤,炼红心。"终于,在大家齐心协力、昼夜不息的努力下,原子弹模型大厅如期完工。

第三章
一定要造出"争气弹"

大厅建造完成后,模型却迟迟未到,这让邓稼先大失所望。

按照协定,1958年7月,苏联派来了一个三人专家顾问组,组长是叶夫盖尼·涅金,他是苏联核武器研究院的第一副总设计师;另外两个人是马斯洛夫和加夫里洛夫,他们都是苏联在核武器研究方面的顶尖人物。三位苏联专家来华的目的,是查看存放原子弹模型和资料的条件是否具备,并帮助二机部规划核武器研究机构。苏联方面原本以为中国修建原子弹模型大厅至少需要半年时间,结果只用了40天。

苏联专家检查着刚刚建成的原子弹模型大厅。他们四处看了一圈,涅金比较满意,马斯洛夫却提出:"这么重要的设施,应该有围墙,用电网保护起来,还应该有严密的保密措施。"

二机部九局局长兼核武器研究所所长李觉答应马上照办。几天后,大厅周围建起了高高的砖墙,墙上安装了铁丝网,门口也布上了岗哨。

这时,马斯洛夫又皱着眉头,指了指脚下的土路说:"原子弹模型非常敏感,这些路不符合要求,即使运来了模型,也无法通过这样的道路运进去。"李觉只好又答应马上修路。

修路的时候,聂荣臻、陈赓、宋任穷、钱三强等领导都曾利用晚上的时间来参加义务劳动。路面很快铺上了沥青,十分平整,应该说无可挑剔了。

然而,三位苏联专家来验收时,马斯洛夫指着模型大厅的门窗又说:"这种普通窗户不行,不符合保密规定。"

担任组长的涅金态度一直很随和,这次听了同事的挑剔,他也有些不高兴了,说:"马斯洛夫同志,第一次、第二次来你为什么不提醒他们注意这些问题呢?这样既浪费了他们的时间,也浪费了我们的时间,还有哪些问题,请你今天一并告诉中国的同志。"

马斯洛夫说:"只有这个问题了。"

涅金便对李觉说:"把窗户装上铁栏杆就行了。"

李觉马上回应:"我们很快就能办好。"

对于中方积极配合的态度,涅金很满意,说:"好吧,这里一切都很好,完全符合要求,我们就不再来看窗户了。我们将马上向国内报告,请示尽快将原子弹模型和技术资料运过来。"

涅金这一表态,让李觉等人喜出望外,抓紧完成最后的准备工作。

第三章
一定要造出"争气弹"

高粱地里的"扫盲班"

在建造原子弹模型大厅这段时间,邓稼先犹如一块磁石,紧紧地把年轻人吸引到自己的身边。邓稼先对待他们,就像对待自己的弟弟妹妹一样。刚开始,大学生们还"主任、主任"地称呼他,但是他一再声明:"你们就叫我老邓!"

白天,年轻人在他的带领下并肩劳动;夜晚,他又成了"扫盲"教师。在"扫盲班"上,邓稼先给这些年轻人起了绰号,比如来自湖南、四川、贵州这些"辣椒窝"里的人,被他冠以"红椒""青椒""朝天椒""尖椒"等称呼,有的则按生肖叫"白马""白虎""白鼠""白羊""白兔"……

这28个年轻人都是应届大学毕业生,他们不知道当时盖的房子是用来干什么的。一位绰号为"红椒"的年轻人,大学学的是力学,本以为可以好好跟着邓稼先研究物理，谁知道被分配到这里后，却接连干了几十天的"小工"。一天，他实在忍不住了，向邓稼先请求分派一些与力学相关的科研任务给他。邓稼先看着"红椒"那单纯而稚气的脸庞，不知道该怎样向他解释，国家的最高机密绝不能泄露。他很为难，只好说将来做的工作会非常伟大。

看着围在自己身边的其他年轻人，邓稼先说："你们所学的专业都会派上用场的，不要着急。现在我就给大家分配任务。"说着，他从随身带的书包里掏出三本书，笑吟吟地说："这是戴维斯的《中子输运原理》、泽尔多维奇的《爆震原理》，还有柯朗的《超声速流与冲击波》，你们目前的任务是先把这三本书读懂。"

"青椒"的脑子一向转得比较快，他似乎从这三本书的书名中品出了深意，马上脱口而出："这些书好像都跟原子弹有关，莫非我们是……"

"嘘——"邓稼先装出一副很严肃的样子，将食指竖在嘴唇前，低声说道，"领导不是交代了吗？不要乱问也不要乱说，'青椒'又违反纪律了。"

大家看见邓稼先那滑稽的样子，都笑了起来，心里也明白了一些。

第三章
一定要造出"争气弹"

"好了,猜对也好,没猜对也罢,我就不明说了。我们眼下的任务是向苏联专家学习,看懂苏联专家援助我们的那个模型,翻译俄文资料。"

从此,这三本书便成了这个"扫盲班"的课本。因为学习经历的局限性,核物理对这些年轻人来说还是一个陌生的世界,所以邓稼先的"扫盲"要从最基础的知识点讲起。

冬天很快就到了,没有了高粱地里的"青纱帐",研究所周围一下子变得空旷起来。参加"扫盲班"的年轻人住的是自己动手盖起来的宿舍,墙是湿的,地是湿的,被褥也被洇湿了,屋里比屋外还冷,条件十分艰苦。

邓稼先也时常受不了屋里的潮湿阴冷,于是带着几个年轻人躲进研究所宿舍对面的一家副食商店去看书,因为这家副食商店有一个总是烧得通红的大铁炉。售货员也很热心,每次都搬来小凳子给他们坐。

在邓稼先的引领下,这28个初出茅庐的青年,渐渐走进了原子弹研究工作的大门。

第三章
一定要造出"争气弹"

"哑巴和尚"不念经

邓稼先的主要任务,是从苏联专家那里学本事。但是,求人办事从来没有容易的,何况是保密性极强的核武器。

实际上,苏联的援助从一开始就是有限度的,所以,对于核武器方面的内容,苏联专家常常守口如瓶。当时在中国核工业系统工作的苏联专家共有200多人,他们的态度各不相同,有的高傲冷淡,有的则和蔼友善,只要是不涉及原子弹的内容,他们便跟中国的专家们聊得热火朝天。

在二机部的热情邀请下,苏联核武器专家涅金、马斯洛夫和加夫里洛夫,在很小的范围内讲了一堂关于原子弹的课,三个人分别讲了原子弹的原理、结构和设计。时间是1958年7月15日,地点是在二机部部长宋任穷和副部长刘杰合用的办公室。听课的人包括宋任穷、刘杰、袁成隆、钱三强,以及九局副局长吴际霖、郭英会,

邓稼先的故事

翻译是朱少华。九局局长李觉因为出差并未参加。

当时,苏联的三位专家对保密问题有所担心,刘杰告诉他们,这层楼只有这个房间里的这些人,他还安排了专人在楼梯口把守,别人一律不准到这一层来。

讲课前,苏联专家提出不能记录。讲课时,他们在黑板上画结构图,讲一些基本原理,但很少透露数据,并且多次提醒不要记录。不过,听课的几个人都记了一些,钱三强和吴际霖记得更多。

讲完课后,苏联专家提出要把笔记本收上来,当场烧掉。宋任穷反应很快,马上站起来说:"同志们,我是中国政府的部长,上将军衔,也是中共中央委员,你们应该相信我,把记录本交给我处理,你们就放心吧!"三位苏联专家听了翻译的内容,商量后勉强同意了。

事后,这6本笔记本被锁进了二机部的保密柜里。而讲课的事情,除了在场的人,其他人一概不知情。

可以说,这是一堂对中国原子弹事业很重要的课。宋任穷后来在回忆录里说:"这次报告对我们研制原子弹初期的工作是有益的,起到了引路的作用,加快了研制进程,争取了一些时间。可是他们讲的,毕竟只是一种数学概念,不是工程设计,而且有的数据根本不对。"

第三章
一定要造出"争气弹"

刘杰认为,除了最后一个数据不准确,其余大体都是事实。关于数据,宋任穷说:"我们用了 2 年左右的时间,经过反复计算才弄清楚。后来的研制工作完全是靠我们自己的科技人员……"

三位苏联专家讲完课以后,又在邓稼先等人的分别陪同下,参观了几个核工业部门,并提出了一些比较中肯的意见和建议。

总的来说,这三位苏联专家对中国是很友好的。1958 年 9 月以后,他们相继奉调回国,而且走得十分匆忙,此后再也没有了消息。后来,据说因为他们三人在华期间透露了太多关于原子弹的信息,有的回国后还受到了处分。

涅金、马斯洛夫和加夫里洛夫三人仓促离开后,苏联方面又派来了一名顾问,名叫鲍里斯·列捷耶夫。他吸取了前面三人的教训,来中国后谨言慎行,每次年轻人向他请教原子弹的知识,他就转移话题,东拉西扯。他整天待在屋子里,尽量避免与中国的科技人员有过多的接触。

刘杰代表部里来请教列捷耶夫,希望他给九所的人安排工作。过了很久,他才提出了三条要求:一是组织已经调来的全体人员学习俄语,二是新来的大学生要学一本苏联出版的《流体力学》,三是已经调来的一部分技术工人要重新返回工厂实习。至于搞原子弹研究,他抱定了不闻不问、不理不睬的态度。中方对此也无可奈何。

时间一长,大家开始称列捷耶夫为"哑巴和尚",意思是光打坐不念经。这样一来,中国科学家只能自己努力,一遍遍地研究、论证、钻研理论,使之尽早用于核试验。

苏联反悔了

在众人对苏联提供的原子弹模型翘首以盼时,1958年10月,二机部终于收到了苏联方面的信息:"原子弹模型及技术资料,将于1958年11月发至中华人民共和国。"

中方指派二机部物资供应局局长姜涛负责此事,姜涛马上安排人手,早早赶到满洲里等待接货。但是,整个11月过去了,中方还是没有接到来自苏联的任何东西,在那里等候的人急得如热锅上的蚂蚁。

第三章
一定要造出"争气弹"

当时，苏联国家原子能利用委员会派往中国的总代表叫索洛维也夫。姜涛找索洛维也夫交涉，索洛维也夫说样品和资料已经到了西伯利亚，他决定和姜涛一起带人去满洲里接运。他还说，为保密起见，火车票由他安排苏联大使馆购买，让姜涛和他的人随时听候指令，择机出发。

姜涛担心误事，一直不敢回家，每天都住在办公室里，做好随时出发的准备。不料出发的前一天，索洛维也夫又通知他说，西伯利亚这时的气候太冷，不能发运，暂时不去了。

到1959年二、三月间，索洛维也夫又通知说，准备发运货物，要中国方面去接收，并表示仍由他负责购买火车票。但在出发的前一天，索洛维也夫又通知说莫斯科没有发检验证明，不能发运，还得再等等。

这样又过了两个多月，有一天，索洛维也夫紧急通知中方说，货已到边境，火车票也买好了，让姜涛准备带人出发。姜涛等人十分兴奋，心想这回都运到边境了，应该不会再有问题了。但是，怕什么就来什么，他们刚要动身，索洛维也夫又打来电话："先不要去了。"

姜涛在办公室已经睡了四个多月，听了索洛维也夫的话，他就像被迎头浇了一盆冷水，情绪激动地在电话里大声问道:"为什么?"

索洛维也夫在电话那头说:"我们的斯拉夫斯基部长感冒了,不能签字,货不能发……很抱歉。"

苏联这样一拖再拖,很明显是不想给了,所以,中国期盼的那些"宝贝"始终没有运来。在很长一段时间里,参与这项工作的大多数人都不知道模型和资料迟迟不到的原因。

后来,赫鲁晓夫在晚年的回忆录中道出了原因:

"我们的专家建议我们给中国一枚原子弹样品。他们把样品组装起来并装了箱,随时可以运往中国。这时,我们负责核武器的部长向我汇报,他知道我们同中国的关系已经恶化……我们专门开了一次会,决定该怎么办。

"我们知道,如果不给中国送去原子弹,中国人一定会指责我们违背协议、撕毁条约,等等……最后,我们决定推迟给他们送去样品的时间。"

时隔38年,涅金在回忆录中也提到这件事:当时,原子弹的样品和技术资料确实已经装车待运,停在某个离中国不远的车站上,只等莫斯科方面下令。可是有一天,领导人接到请示后非常愤怒:"什么原子弹?运到哪里去?你们怎么了,都疯了?不要运,快点儿告诉他

第三章
一定要造出"争气弹"

们,立即将所有的材料销毁。"就这样,材料被销毁,专列开回原地,警卫人员也撤走了。

这个时候,中国方面仍蒙在鼓里,什么都不知道。

但与此同时,中国核工业建设的速度大大出乎苏联的预料。到1959年初,内蒙古的包头核燃料元件厂、甘肃的兰州铀浓缩厂和酒泉原子能联合企业等首批主要工程都已取得了很大进展。中方迫切需要苏方提供生产原子弹的技术资料,等核燃料工厂建成,生产出裂变物质后,即可投入武器的生产,并定于1962年进行首次核试验。

但是,苏联却表示需要对协定中的内容进行补充修改,中国政府应派代表团赴苏谈判,解决相关的问题。1959年6月下旬,中国代表团正准备起程时,却收到了一封苏共中央致中共中央的信,大致内容是,日内瓦会议正在拟定禁止试验核武器的协议,政府首脑会议也即将召开,如果西方国家得知苏联将原子弹的样品和技术资料转交中国,很有可能严重破坏社会主义国家为争取和平与缓和国际紧张局势所做的努力。所以,苏联只能暂缓向中国提供样品和资料,一切还要等2年以后视形势发展而定。

苏联所谓的2年以后再定,实际上就是无限期推迟。

邓稼先的故事

苏联在原子弹方面对中国进行援助的可能性，已经微乎其微了。

随着时间的推移，大家预感中的变故终于到来了！

1960年7月16日，苏联政府决定，1960年7月28日至9月1日，撤走全部在华苏联专家。

实际上，在此之前，苏联已经开始逐步撤回专家。等到苏联正式照会中国政府时，二机部核武器研究所里的苏联专家已经很少了。

1960年6月上旬，有几位苏联专家提出要回国避暑，结果一去不复返。7月6日，在九所工作的8名苏联专家接到命令，在聘请合同尚未到期前就回国了。7月8日，正在兰州铀浓缩厂现场负责安装工作的5名苏联专家也突然奉命离开。紧接着，在这个厂工作的设计、安装、生产工艺专家先后离去。到8月3日，不到两个月时间，所有苏方人员都离开了。当然，苏方承诺提供的设备材料也停止了供应。

苏联之所以撕毁合同、撤回专家，或许要从1958年4月说起。

1958年，苏联连续向中国提出了两个损害中国主权的建议，隐约显示出从军事上控制中国的意图：一是要

第三章
一定要造出"争气弹"

求双方共建长波电台,二是提议建立共同的潜艇舰队。

驻华大使尤金一再强调建立联合舰队的目的是对付美国,共建长波电台的目的是指挥太平洋的潜艇舰队,因此都必须在中国建。苏联迫不及待的态度,正印证了中国领导人之前的想法:除了对付美国,苏联恐怕还有一个不可告人的目的,那就是逐步从军事上控制中国。

长波电台、联合舰队的风波,给中苏双方都留下了不愉快的记忆,两国之间的裂痕逐渐明显化,以至于苏联最后决定毁约停援。这样一来,中国刚刚起步的核工业又陷入了巨大的困境之中。

原本苏联计划援助中国建设 30 个核工程项目,并且提供相应的技术支持,但直至苏方工作人员全面撤离之前,大部分项目都没有完成。其中有不少工业项目被迫停工,成了"半拉子"工程。还有一些即将建成的工业项目,或缺少配套的设备仪表,或缺少某些图纸资料,都推迟了建成投产的时间。

在工程设计方面,也遗留了大量的问题。在已经完成或基本完成设计的项目中,有的文件资料不完整,有的还存在技术疑问,有的图纸存在很多差错。另外,有些工程项目的设计只开了个头,中方还没有掌握核心技术，必须从头做起，难度之大可想而知。当时许多设备、仪表、材料，中国还无法生产，而西方国家又对中国实行物资、技术封锁。

据统计，在30个核工程项目中，已经供完或基本供完的有13个，只提供了一部分技术的有16个，完全没有供货的有1个。尤其是一些关键设备和新技术的缺乏，使得中方研制工作无法按照之前预想的方向继续下去，只能组织力量从头做起。

现在，只能寄希望于中国自己的科学家了。二机部副部长刘杰找来邓稼先，对他说："今后只能靠我们自己干了。"其实，理论部的同志早就开始自己研究了。他们坚信，只要大家齐心协力，集思广益，别人能做出来的东西，他们一样可以做出来。

为了记住1959年6月苏联停止援助中国这个特殊的时间，后来中国第一颗原子弹工程的代号就确定为"596"。

第四章 「我们自己干!」

这一年邓稼先才 34 岁,如此年轻就担起原子弹理论设计的重任,他心里承受着多么大的压力,外行人是难以想象的。

 原子弹理论设计的主攻手

自1958年8月调入二机部九所后,邓稼先就担任理论部主任。理论部是九所的"龙头",这也意味着邓稼先成了中国原子弹理论设计的总负责人。

这一年邓稼先才34岁,如此年轻就担起原子弹理论设计的重任,他心里承受着多么大的压力,外行人是难以想象的。不过,参考美国当年研发原子弹的过程,也可以让我们对此有个大概的了解。

美国的原子弹理论设计工作始于1942年,并于1945年研制成功。成功背后的支撑,是美国高度发展的工业以及众多世界一流的科学家。

邓稼先的故事

从工业水平来看，20世纪40年代初期和中期，美国的工业已经相当发达，能够制造汽车、飞机、军舰，而我国在20世纪50年代末才刚刚能生产大卡车。

但是，我国有一个很大的优势，那就是党的威望和号召力、人民的积极性和凝聚力。在原子弹研制的整个过程中，除了九所这个主战场，先后有900多家工厂、科研机构和大专院校参与了攻关会战。在尖端技术研究、专用设备和新型材料的研制方面，有20多个研究所和部门参与解决了近千项课题。这些大大弥补了我国工业水平落后的不足。

当然，最重要的差距不是工业水平，而是人才。"原子弹之父"奥本海默受命研制原子弹时是38岁，当时他已经是物理学界著名的科学家；而邓稼先在1958年接受任务时是34岁，虽然具备一定的核物理知识，但其研究水平和名气都远远不如奥本海默。

在团队方面，奥本海默手下有一批研究成果丰硕的科学家，其中获得诺贝尔奖的超过14人。而邓稼先领导的只是28名刚毕业的大学生，平均年龄不到23岁。后来，王淦昌、彭桓武、郭永怀等高水平的资深科学家也加入进来，但研制队伍的人数仍然少于美国的研究团

第四章
"我们自己干!"

队,总体水平也比不上美国团队里那些世界顶尖的科学家。

在原子弹理论设计的过程中,美国科学家也遇到了许许多多的难题,比如起爆问题。根据美国1986年解密的资料,我们了解到起爆剂是原子弹里面很小的一个部件,只需要一两个中子就能启动链式反应,但直到现在,各国起爆剂的具体技术仍然属于军事机密。又如枪法、内爆法问题,也就是原子弹用什么方式爆炸的问题,都属于机密。

这些关键性的难题,一个个地摆在了邓稼先等人面前,没有任何外援,也几乎无可借鉴,他们在很多方面将遇到和首创者一样的困难,一切都得靠自己去摸索。

千斤重担压在肩上,加上严格的保密纪律和狭窄的交际范围,使得邓稼先的性格发生了很大的变化。

从1958年到1959年,一向爽朗健谈的邓稼先,回到家说话明显减少,使得家里原本欢快的气氛也消失了。他很少和亲戚朋友见面,即使见面也是沉默寡言。做什么不能说,在哪里工作不能说,和谁在一起也不能说,还有很多不属于工作范围的事情也要避免谈论,因为担心有人从谈话中推测出什么,给国家造成损失。

与工作以外的人交往,他总是小心翼翼,有时面对亲朋好友的问话也只能躲闪回避，这不仅让别人对他产生了很深的误会，也使他的内心变得孤独、沉闷。

巨大的压力使邓稼先一紧张就会心慌，到后来，每次接到保密电话，他的手都会发抖，说话的声音也很不自然。这里面既有性格因素，也因为他深知自己肩上的责任实在是"重于泰山"。

九所离邓稼先的家其实只有一站之遥，但是许鹿希一直不知道丈夫的工作地点和工作内容。因为保密规定，邓稼先乘坐公交车不能在单位附近的公交站下车，他总是在稍远的地方下车，再步行到单位。

随着时间的推移，许鹿希和丈夫的年轻同事们逐渐熟悉起来。一贯忠厚耿直的邓稼先，连忙教同事们骗许鹿希："要是她在单位附近看见你们，就告诉她你们是来这边办事的！"

1959年，王淦昌、彭桓武、郭永怀等科学家还没有调到九所，理论设计的主攻方向基本是由邓稼先一人承担。他比前一段时间更加沉默了，晚上回到家后不时走神，默默无言。他躺在床上，看似在闭眼睡觉，其实并没有睡着，脑子里还在专心地想着工作上的事情……

许鹿希后来回忆说："那段时间他非常沉默，有时

候在家里说起有趣的事情,他开怀大笑的时候,也会突然中断笑声。我感觉他整个人被分成了两半,工作的那一半永远在运转,即使放松下来,也是短暂的一瞬间。邓稼先思考问题时,爱听贝多芬的《田园交响曲》,有一天我突然发现,他换了一首曲子——《命运交响曲》。这个时候,我正站在他身后,那一刹那,我明白了他心里承受着多大的压力……"

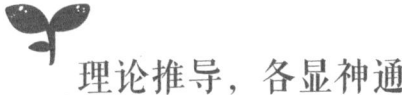

理论推导,各显神通

如果把原子弹的研制流程看作是一条龙,那么,理论设计就是龙头,邓稼先和他的理论部可谓肩负重任。

苏联专家撤走后,九所首先要做的最重要的事,就是继续进行原子弹理论及基本结构模型方面的研究。

当时负责理论设计的彭桓武还没有调来,全靠邓稼先带领十几个年轻人,从头摸索,进行艰苦的理论攻关。最终,邓稼先选定中子物理、流体力学和高温高压下的物质性质三个方面作为主攻方向,理论部也按照这三个方

第四章
"我们自己干!"

向编为三个组。

从 1958 年开始,理论部陆续调来近百名大学生,这些大学生均来自名牌大学,成绩优异,能力突出,但是他们大部分不是学物理出身,邓稼先不得不先给他们补补课。

起初,邓稼先给他们讲自己在美国读博士时学到的知识。之后,他指定了几本著作让大家学习,包括柯朗的《超声速流与冲击波》、戴维森的《中子输运原理》、泽尔陀维奇的《爆震原理》等。

这些书数量有限,无法保证人手一本,他们就自己动手刻蜡纸,自己油印。读书的方法是大家读、大家讲,每个章节都有人做重点发言。通过这种探索的方式读书,大家都觉得收获很大。

中子输运组的研究人员找不到现成可用的材料,只能自己想办法。当时北京图书馆里有一些和平利用核反应堆的普通外文资料。和平利用原子能,也就是普通的核电站一类的反应堆,这方面的资料对研制原子弹几乎没有什么用处。

但是,这些年轻的研究人员却想出了一个奇妙的方法,那就是寻找出事故的资料。出事故就是中子的数量超临界，雪崩似的大量涌出来，于是连锁反应便失去控制，产生爆炸。这种爆炸远远比不上原子弹爆炸的威力，但原理却是一致的，可以从中推导出中子输运的规律。

邓稼先每天忙得不可开交，除了参加各个组的讨论并给予指导，他还直接领导爆轰物理组。为了尽快出成果，他们常常工作到深夜。有时年轻人在拉计算尺时困得连眼睛都睁不开了，但只要手里的活没告一个段落，就坚持干下去。

邓稼先还要搞粗估，也就是把各种条件综合起来，从理论上估计出一个数量的幅度。邓稼先对自己用粗估的办法来验证问题颇有信心。

有一次，许鹿希问他："这种难题你没有上过计算机，怎么能否定别人的计算结果呢？"邓稼先用手中铅笔的橡皮头轻轻敲着妻子的鼻子，微笑着说："我在这张纸上粗估了一个范围，他们用机器算的不能超出这个框框。"

那段时间，邓稼先常常晚上躺在床上，眼睛盯着天花板，在脑海中推导公式，有的时候真是"柳暗花明又一村"，白天没有推出来的难点，一个晚上竟然演算通了。

为了加快原子弹的研制进度，经上级协调，九所从

第四章
"我们自己干！"

全国抽调了一些物理学、力学和数学方面的专家，其中就包括著名物理学家王淦昌、彭桓武、郭永怀等。

研制原子弹和其他武器的最大区别在于，原子弹没有可以借鉴的实物或类似的武器，一切都靠凭空想象。极其复杂的方程式、令人头疼的数学概念、闻所未闻的结构方式、数以万计的数据，全都需要计算，工作量十分庞大，迫切需要计算工具。

二机部动用各种手段，想尽各种办法，最后也只能为邓稼先找来4台半自动的苏式乌拉尔电动计算机。这是当时最先进的工具，每秒可以运算100次。但4台实在是太少了，大量的计算仍然依靠手摇计算机和计算尺，甚至算盘。可时间不等人，他们只能不舍昼夜地继续干下去，理论部的灯光常常到凌晨还亮着。

理论部的办公室里，陈旧的计算器噼噼啪啪地响着，算完的纸带子和计算机的穿孔带子，一捆捆地放在麻袋里，一个个麻袋堆满了整间屋子。

著名的"九次运算"

1960年春,在苏联专家的讲课提纲被整理出来后,邓稼先他们在工作中遇到了一个难题。

原来,邓稼先等人根据苏联专家的讲课提纲,取得了第一次计算结果,但因为缺乏经验,结果明显存在问题,第一次计算失败了。

这之后,邓稼先带领理论部的十几个年轻人三班倒,日夜连轴转地进行计算。所有人都像上足了发条的时钟,一刻不停地运转、演算。但这种计算实在是太枯燥了,几个月下来,这些年轻人都感觉自己老了10岁。

一天晚上,离他们不远的一个单位在放映露天电影,大喇叭预告即将放映《阿诗玛》。天黑以后,一阵阵音乐声透过窗户传到了办公室。年轻的心被撩动起来了,大家纷纷央求邓稼先给他们放一个晚上的假,让大伙酣畅淋漓地看场电影,毕竟他们已经几个月没有任何娱乐

第四章
"我们自己干!"

活动了。但是,计算不能停下来。

邓稼先犹豫了一会儿,和大家商量,以两个人为一拨,分五拨去看,每拨看20分钟,演完后,大家按顺序把各自看的那段内容讲给其他同事听。于是,他们就用这个办法过了一次眼瘾。

邓稼先真的太辛苦了,他不仅要带领大家做运算,有时还要讲课,在黑板上演算"轰炸方程式"。一天下午,他正站在黑板前讲课,讲着讲着,粉笔从他手里掉到地上,他却一点儿也没有察觉。原来,他实在支撑不住,居然靠着黑板睡着了。过了一会儿,他猛地睁开眼睛,不好意思地问坐在下面听讲的年轻人:"我睡了多久?"大家心疼地回答:"才一分钟,不过是站着打了个盹儿。"

邓稼先的家位于北京西郊,是许鹿希的工作单位北京医学院三院的宿舍。起初他是坐公共汽车上下班,后来因为每次加班后公共汽车已经停运,不得已只能骑自行车上下班。

每天晚上他加完班,骑自行车回家时已经是凌晨。当时那一带还很荒凉,土路两边是大片的高粱地。为了确保邓稼先的安全,领导特意安排两个大学生送他回家。

有一天,邓稼先很晚才回到家,发现两个孩子坐在家门口的地上睡着了,这时他才想起许鹿希晚上要值班,说好了让他提前回家照顾孩子,结果他一忙起来就给忘了。孩子们放学回家后等不来爸爸,天渐渐黑下来,他们又困又饿,就坐在楼道里靠着墙睡着了。邓稼先看着孩子们瘦小的身影,眼前逐渐模糊起来,他怀着深深的自责抱起了孩子……

因为工作太忙,邓稼先甚至连理发都顾不上,头发又长又乱。在他身边工作的年轻人很难想象,这位受到过良好的家庭教育,有留学经历的邓老师,曾经像个绅士一样,受到学生的追捧。现在,他却根本顾不上打理自己的形象。

还是王淦昌看到邓稼先的模样,严肃地对他说:"小邓,怎么能这个样子来上班呢?"邓稼先这才发现自己上衣的纽扣系错了位置。王淦昌又提醒他,天热了,应该抽空去理个发,整理好个人的仪表。邓稼先这才努力挤出一点儿时间,找了一个刚学会理发的战士,用最短的时间草草理了个发。

就这样,在邓稼先的带领下,理论部花了将近一年时间,先后进行了九次计算,但有一个重要的参数始终与苏联专家讲课时说的不一样。

第四章
"我们自己干!"

到底是计算错误,还是苏联专家给的数据有问题?一时间,运算工作陷入了僵局。如果这个数据不能确定下来,或是这个数据误差太大,那么,照此设计的原子弹很可能是个大号的"哑弹",而且可能潜藏巨大的危险。

关键时刻,在苏联杜布纳联合核子研究所工作的周光召、吕敏、何祚庥等人,纷纷回国效力。时年32岁的周光召被任命为九所理论部第一副主任。当时周光召患有哮喘,整天咳嗽,又没有特效药,而且伙食营养也跟不上,人一下子消瘦了许多,但他始终坚守在工作岗位上,最终找到了一个有效的办法,可以证明苏联专家的数据是错误的,这就是"最大功"原理。

周光召在一次研讨会上提出了自己的想法:"苏联的数据和我们的计算建立在相同的条件下,即炸药的数量是一样的,可是,苏联专家给出的数据却大了一倍,这太离谱了。根据最大功原理,我做了一个大致的粗估计算,即使这些炸药的能量全部释放出来,也不可能达到苏联专家说的那个程度。"

大家听了,眼前豁然开朗,一致认为用最大功原理可以证明苏联专家的数据是错误的。

彭桓武肯定地说这个路子是对的,但仍然属于粗估范畴，还需要数学家进行补充计算。

之后，数学家周毓麟编出总体程序，又带领几个人来到中国科学院计算技术研究所，利用刚研制出来不久、计算能力每秒1000次的电子计算机，进行了模拟计算，所得结果与邓稼先他们计算的结果很接近，误差在5%左右。

一个偶然的机会，他们在某个时刻的打印纸带上，发现了苏联专家给出的那个数据。经过仔细分析，大家判定这个数据只是冲击波振动过程中出现的某个波峰值，其实是应该被忽略掉的数据。

这就是邓稼先和他的同事们在研制第一颗原子弹过程中有名的"九次运算"。

为了这个数据，彭桓武、邓稼先以及他们带领的年轻人，都"脱了几层皮"。但正是靠着这种吃苦耐劳、无私忘我的拼搏精神，他们闯过了一道又一道难关，一步步地迎来胜利的曙光。

在周光召、周毓麟有力地证明了苏联专家给的数据是错误的以后，大家的第一个反应是惊喜，第二个反应是气愤。但冷静下来后，所有人都认为应该感谢这个错误数据，因为它使中国的研究者仔细地做了各种分析，

第四章
"我们自己干!"

搞清了每种反应过程的物理图像,使他们的工作更加扎实,并在此基础上提出了一些创新性假设,为以后的工作拓宽了思路。

从表面上看,"九次运算"是中国科学家们在研制原子弹过程中所走的"弯路",但事后证明,这些"弯路"使中国第一颗原子弹的理论设计更加稳健。

不久,王淦昌、郭永怀等人带领的爆轰试验组,通过实际试验,再次证明邓稼先他们的计算是正确的。至此,原子弹的理论攻关从演算台移到试验场,迈出了具有决定意义的一步。

经过理论部三年的不懈努力,我国第一颗原子弹的轮廓已经被大致勾勒出来。邓稼先说,这个设计最特别的地方就是使用铀235做核材料,并使用内爆方式。这意味着中国摸索出了一条与其他核国家完全不同的原子弹研制途径。

特批"粮食特供"

在研制原子弹的过程中,除了一个接一个的技术难关,邓稼先还遇到了生活难关。

1959年至1961年,我国出现严重的自然灾害,粮食和副食品极度短缺。九所也不可避免地受到了影响,科研人员的粮食定量由原来的每人每月35斤降到了28斤。理论部年轻人多,饭量大,由于吃不饱,又经常加班,脑力消耗巨大,他们经常饿得头晕眼花。

实在没办法,有人想出了一个主意,把酱油兑水喝,因为酱油是黄豆酿的,含有一定营养。但这只能解决一时的问题,因为酱油也是凭粮票供应,不是随随便便就能买到的。

有一天加班到深夜,年轻人又喊饿,可三更半夜,商店早已关了门。邓稼先想来想去,最后让大伙等着,自己骑自行车赶回北医三院的家。这时,许鹿希和两个

第四章
"我们自己干!"

孩子已经睡了,他轻轻打开门,蹑手蹑脚地摸到厨房,掩上门后拉开电灯,打开橱柜找吃的。

许鹿希被响声惊醒了,连忙翻身下床,循着声音来到厨房,发现丈夫正猫着腰在翻腾东西,不知要找什么。她走过去拍拍他的肩膀,说:"吓我一跳,半夜三更的,你翻什么呢?"

邓稼先焦急地问道:"家里还有吃的吗?"

许鹿希看着满头大汗的邓稼先,说:"你回屋里先歇会儿,我给你下碗面。"

邓稼先站起身来,不好意思地苦笑着说:"不是我饿,是单位里的那帮小伙子。家里还有什么现成的吃的,给我找点儿,他们还等着呢。"

许鹿希为难地说:"现在哪有现成的啊!"她想了想,又说,"有了,你等等。"

这时,快6岁的女儿典典睡眼蒙眬地出现在门口,边揉眼睛边叫了声"爸爸"。邓稼先笑着对女儿说:"典典,让爸爸抱抱,看看你这段时间长个儿了没有!"

邓稼先弯下腰去抱典典,结果一抱没抱动,再抱还是感到有些吃力,只好把女儿放下。这时,许鹿希拿了一些黄瓜、西红柿和几个馒头过来,见他居然抱不动30

第四章
"我们自己干！"

多斤重的女儿，心疼地说："我看你是饿得没力气了。"

邓稼先乐呵呵地说："典典长成大姑娘了，爸爸抱不动了。"

懂事的典典听到妈妈的话后，跑进卧室，抱出一盒还没打开的饼干，递到邓稼先手里，说是姥爷给她买的生日礼物。

邓稼先蹲在女儿面前，把饼干盒还给女儿，说："这是姥爷送给典典的礼物，爸爸怎么能拿走呢？再说，这些东西都是拿给叔叔们吃的，他们吃完，你和弟弟就没有啦。"

没想到典典像小大人一样，诚恳地看着父亲说："不要紧，先给叔叔们吃吧！"

邓稼先犹豫地看了看妻子。许鹿希点点头说："既然孩子同意，你就拿去吧！"邓稼先心里泛起一股暖流，他在女儿的脸上亲了两下，便拿着东西骑车回单位去了。

理论部的年轻人见邓老师带来了许多"食物"，纷纷感谢他的慷慨，随后便狼吞虎咽地分吃起来。邓稼先在一旁既欣慰，又心疼地看着他们。

由于长期缺乏营养，理论部不少人出现了浮肿。邓稼先看到这种情况，心里十分着急，他将父母和岳父母支援他的一些粮票拿出来，给大家买了些高价饼干充饥，后来高价饼干也很难买到了，他只好将这些粮票作为奖励分给大家。

有一次，研究人员夜间要在计算机房进行模型计算。邓稼先凌晨3点来机房检查计算结果，大家忘我地工作着，不知不觉天已经亮了。忙了一夜，同事们一个个饥肠辘辘，疲惫不堪。邓稼先问一个叫孙清河的同事："你们夜里吃饭了吗？"孙清河回答："一日三餐都吃不饱，夜里哪有粮票加餐啊！"邓稼先马上从口袋里拿出几张粮票，给在场的每个人都分了4两。

半个世纪后，孙清河回忆起这件事时仍然激动不已，他说："那时候，每人每月的粮食定量是28斤，粮票比什么都珍贵。现在你给我4两黄金，我也没有当年接过老邓的4两粮票激动。"

正是这种相互扶持、同甘共苦的精神，使理论部的研究人员团结在一起，为了一个伟大的目标兢兢业业，埋头苦干。

聂荣臻元帅当时主管科技工作，非常关心原子弹研究的进展情况。当了解到所里很多年轻的科技人员因营养不良而浮肿时，他立即采取行动，请求支援粮食等供

第四章
"我们自己干！"

给。原二机部部长宋任穷此时任东北局书记，他得知这一情况后，想方设法给九所调拨了2.5万千克大豆。周总理也做出指示，为这些科研人员实行粮食特供。

1962年12月4日，邓稼先等人到中南海西花厅向周总理汇报工作。刚见面，周总理便关切地询问九所的研究人员都领到特供没有，还有没有浮肿的科研人员。

邓稼先回答说："总理请放心，特供领到了，大家这次还交给我一个任务，让我务必代表他们感谢总理的关怀，现在我们比以前吃得饱，浮肿的人也没有了。"邓稼先一口气将心里想说的话全说了出来。

周总理听了，欣慰地笑了。接着，总理又对研究工作做了褒扬和激励。

这是邓稼先第一次近距离接触周总理，他心里十分紧张，汇报时手一直在发抖，说话的声音也很不自然。他详细地向周总理汇报了整个理论设计方案以及中间可能会出现的问题。

周总理听得非常认真。在汇报的过程中，因为总理办公室的桌子不够大，邓稼先就把设计图纸铺在地上，给周总理讲解。

周总理又详细询问了从核武器开发的总体规划，到核武器研制的进展，汇报一直持续到凌晨三四点才结束。周总理此时才想起留大家吃迟到的"晚餐"。

邓稼先拿起包子，一口一个，几口就把包子吃光了。周总理见状，又把自己那盘包子推到邓稼先面前让他吃。邓稼先连忙把盘子推回去，周总理说他不饿，端起茶缸喝起来。后来，周总理的警卫员悄悄告诉大家，周总理喝的是兑过水的稀玉米粥。大家听后都感到十分震惊。

饭后，总理秘书抱歉地对大家说，总理和邓颖超大姐的粮食也是定量的，并不宽裕，所以请大家每人交1两粮票。邓稼先没有带粮票，只好欠着。他心里一直惦记着这件事，但遗憾的是，后来也一直没有机会还上。

1976年1月8日，邓稼先听到周总理去世的消息，忍不住放声痛哭，之后他拿出1两粮票，用火柴点着……

这次与周总理深入交谈后，邓稼先和理论部的研究人员针对总理提出的建议做了论证。

1963年初，在理论部全体人员的共同努力下，他们终于完成了包括结构、尺寸和材料等在内的原子弹理论设计模型，"龙头"的工作圆满结束，原子弹研制事业也顺利地进入下一阶段。

第四章
"我们自己干!"

"很远的地方在哪里"

爱情,在很多人看来应该是两个人携手同行,不离不弃、相依相守地度过生命中的每一天,然而,对于邓稼先和许鹿希来说,他们的爱情更多的是无怨无悔的付出和等待。

1963年秋天的一个傍晚,邓稼先扛着一个纸箱,回到位于北医三院的家,推门进去,妻子许鹿希正在教女儿典典写字。典典见到爸爸,高兴地扑上来,问纸箱里是什么东西。

邓稼先打开纸箱,拿出一个做工有些粗糙的木马,问女儿:"喜欢吗?"

典典高兴地抱着木马不松手。邓稼先对女儿说:"这是爸爸单位的叔叔们专门给你做的。前年你过生日,爸爸和叔叔们把姥爷买给你的饼干吃了,还记得吗?"

典典一边打量新木马,一边说:"不记得了。"

邓稼先摸着女儿的头说:"你忘了,叔叔们可没忘,这个木马就是叔叔们赔给你的。爸爸要到很远的地方去了,往后就让这个木马陪你吧。"

许鹿希听到这里,心里不由一紧。典典回过头来,看着邓稼先问道:"很远的地方是哪里?爸爸要去哪儿?"

邓稼先说:"爸爸现在也不清楚,反正很远很远。有部电影叫《昆仑山上一棵草》,爸爸就去那儿。等你长大了,看过这个电影,就知道很远的地方在哪里了。"

典典似懂非懂地点了点头。这时,7岁的儿子平平跑到跟前来,邓稼先像往日那样和儿子打闹。他趴在地板上说:"今晚爸爸让你骑大马骑个够,大马就要跑起来了,快上来吧!"平平高兴地骑到爸爸的背上。邓稼先学马嘶鸣,然后快速地在地上爬来爬去,平平开心地连呼"再来一次"。

许鹿希看着欢快的父子俩,满怀心事地起身帮邓稼先收拾行装。她早就猜到他们要到外地去,然而当这一天真的到来时,她还是有些措手不及。这一去,不知道会是多少时日。

临行前,邓稼先来到北京大学朗润园,向父母辞别。他刚跨进院子,一阵浓郁的桂花香便扑鼻而来。他深深

第四章
"我们自己干!"

地吸了几口清新的空气,顿觉神清气爽,这是他从幼年时就熟悉的味道。

邓稼先来到父亲的书房,坐在父母身边,仔细端详着两位老人。时间过得真快,父母已经年逾古稀,牙齿也掉了。想到自己平时一直忙于工作,现在又要奔赴外地,不知几时才能再回来好好报答生养他的父母,他的心不禁隐隐作痛。

房间里的摆设陈旧而简单,很多都是祖辈留下来的,有的家具甚至比邓稼先的岁数还要大。父母操劳了一辈子,也节俭了一辈子。但是,这个家却是简而不陋、朴而不俗,仍然保持着诗书家庭的清雅和大气。

在这个熙熙攘攘的世界上,不正需要有这样一块净土、一间静室吗?父亲之所以能够一直保持这样的心境,跟他的个性和修养是分不开的。邓稼先从中领悟到,大凡内心世界丰富的人,其生活总是简朴的。父亲的生活智慧及对美的感知,恐怕他一辈子也追不上。

但是,邓稼先的孝顺在朗润园也是有口皆碑的,这里流传着他孝顺父母的很多故事。

每次到朗润园看望父母,邓稼先都会带上典典和平平,两个孩子在老人面前嬉笑打闹,逗得两位老人开怀

邓稼先的故事

大笑。

朗润园是平房,早先没有暖气,冬天的时候,室内又冷又潮。为了让母亲夜晚能够睡得安稳,邓稼先效仿古人黄香为双亲温席的事迹,先脱掉外衣钻进母亲的被窝,待被窝里暖和后,再请母亲上床睡觉。

这一次来看望父母,邓稼先没有带上妻子儿女。他强忍泪水,小声地对父母说,他要出一趟远门。母亲问他要去哪里,他摇摇头说不知道;母亲又问他要去多久,他仍摇摇头说不知道。父母便不再多问了,他们理解他,但是儿子毕竟是他们的心头肉,这一走不知道何时才能再见面。

母亲关切地说:"你不能换个课题研究吗?瞧你,为那个氘啊氚的,弄得连家都回不来,把人也折腾呆了哑了。看你这个样子……"没等说完,母亲的眼泪便不停地往下流。

邓稼先强颜欢笑地安慰母亲说:"妈妈,我早就改换研究课题了,只是因为工作太忙,不能常来陪爸爸妈妈。"

短暂的相聚,父母的叮咛,让邓稼先心里很不是滋味。国家的事业与自己的小家,无论哪一方,都让他牵念不已，但眼下的形势使他顾不得那么多儿女情长了，只好委屈家人。

临行前，一向不喜欢照相的邓稼先，带着妻子儿女到照相馆照了一张全家福，作为留给亲人的纪念。

从此，邓稼先仿佛人间蒸发了一般。妻子、父母及所有的亲朋好友都不知道他去了哪里、做什么工作、什么时候回来。许鹿希的同事因为很久没有见到邓稼先，甚至私下议论他们夫妻关系是不是破裂了。

谁也没有想到，邓稼先这一走，就是十几年。虽然这十几年间曾回过几次家，但每次都是来去匆匆。

金银滩上造"美神"

邓稼先知道自己这次离开，可能很难再与家人相聚，但他仍然义无反顾地扛起了这份责任，因为他是一个中国人，他对这个国家、这片土地爱得深沉。

邓稼先要去的地方，位于青海省海晏县，名字很好听，叫金银滩，那里有个221厂，核武器基地就设在那里。

"金银滩"这个名字，可能让人们误以为这里是个水草丰美、山清水秀的好地方，实际上，这里既没有金，也没有银，只是一片贫瘠的荒原，海拔3200多米，年均气温零下4摄氏度，高寒缺氧，自然条件恶劣。这里的冬天最为难熬，时间长、风雪多、温度低，即使在室内工作也得穿戴得严严实实的。夜晚，人们最怕钻进冰窖一般的被窝，晚上睡觉呼出的哈气能结成霜，早上起床发现头发和被子冻在了一起。

当时金银滩的基建工程并没有全部完工，但时间不等人，为了给下一步大型爆轰试验、核部件加工以及原子弹总装做准备，九所决定早一点儿派研究人员过去。

缺氧、寒冷、遥远的客观环境，令人望而生畏。为打消部分科研人员的疑虑，鼓舞士气，试验总指挥张爱萍给大家做了动员。

张爱萍站在台子上，操着浓重的四川口音，激情洋溢、满怀深情地发表了讲话。

科研人员听了张爱萍的讲话，一个个热血沸腾，纷纷起立鼓掌。有的年轻人还情不自禁地吟起了王昌龄的那句"不破楼兰终不还"，情绪一下子高涨起来。没有

第四章
"我们自己干!"

人再犹豫彷徨,大家仿佛在一瞬间达成了共识——要想做一番惊天动地的大事业,上高原,有何难!

深夜,一列火车开出北京,向西部驶去。火车隆隆地越过黄河,穿过中原大地、黄土高原,一直向西……

北京的科研人员刚到金银滩时,这里只有4栋三层楼高的宿舍楼,根本就不够住。天冷了,宿舍楼里有暖气,被称为"暖房"。住不进楼房的人,只能暂时住帐篷,帐篷虽然是棉制的,但在零下几十摄氏度的严寒中,睡在里面的滋味可想而知。

九所所长李觉说,只要还有专家住在帐篷里,所领导和行政人员就不能住暖房,必须优先解决专家的住宿问题。他的这个决定,让科研人员心里感到十分温暖,大家逐渐适应了高原工作的辛苦和不适。

在如此恶劣的环境里搞科研,使邓稼先肩上的担子变得更加沉重了。他深知,越是在艰苦的环境里,越需要高度的凝聚力,越需要昂扬乐观的精神。一向平易近人的他,不管到了哪里,总能和大家打成一片。

每次到他那里开会,大家总是很自然地翻他的口袋找烟抽,或者翻他的抽屉找糖和点心吃。邓稼先也把同志们不跟自己见外,视为极大的精神安慰。这是他的人生追求，他致力于做一个纯洁的人，他的性格里有着中国人刻在骨子里的质朴。

在基地，邓稼先经常利用空闲时间教年轻人唱京剧《望江亭》《杨门女将》。他还教大家学体操，如果天气不好，就和大家在室内玩"跳马"。他也跟大家一样，弯下腰当"木马"，让年轻人从他背上跳过去。有一次，他们正在玩"跳马"，李觉从外面进来，看见大家兴高采烈的样子，笑着说邓稼先是"娃娃头儿"。

正是这个"娃娃头儿"，把欢乐注入理论部的年轻人的心间，并带领他们将科研成果奉献给祖国。经过不懈的努力，他们在青海高原造出了一个"美神"——原子弹试验模型。

这个"美神"十分娇贵，即使是轻微的震动也可能引起爆炸，使其付之一炬，所以，怎样把它送到指定地点就成了一个难题。

基地的科学家们开动脑筋，想了各种方案，最后选定一个颇具中华民族风俗特色的运输方式——抬花轿。

可是，上哪儿去找软硬适中的"花轿"呢？九院党委书记刁筠寿想起自己刚置办的沙发，风趣地说："就用它抬着'新娘'出嫁吧！"

有了"沙发轿",轿子还必须抬得四平八稳,不能有颠簸磕碰,这对"轿夫"来说又是一个考验。"轿夫"行进的脚步必须协调一致,所以要有人喊号子。金属物理学家陈能宽自告奋勇,当起了"领号人"。

就这样,在高原的晨曦中,众多"轿夫"小心翼翼地抬着美丽的"新娘"缓缓上路了。朝晖在"轿夫"们的脸上、肩上镀上了一层金色,给这带有喜庆色彩的举动增添了几分庄重。他们肩上托起的可不是一般的"新娘",而是一轮刚刚升起的"艳阳"。

"美神"被百般呵护地送到目的地后,1963年11月20日,科学家们在青海高原进行了缩小比例的聚合爆轰试验,进一步验证了已经完成的理论设计方案和一系列试验结果。中国距离拥有自己的原子弹"蘑菇云",又近了一步。

第四章
"我们自己干!"

紧锣密鼓的试验准备

1964年8月初,在青海金银滩核武器基地,原子弹开始总装。

明亮的装配大厅里,宽大的装配台上,原子弹的各种零部件静静地躺在那里。所有人都知道,装配工作是十分危险的,美国科学家在装配原子弹时就出现过意外爆炸事件。邓稼先等人在安全线以外,正襟危坐,密切地注视着装配现场,心情十分紧张。

一切准备就绪后,九院副院长吴际霖下达了命令:"总装开始!"

工程师和工人们各安其位,全神贯注、有条不紊地对原子弹进行装配……现场的气氛严肃而紧张。他们的每一个动作都极轻,就连在安全线以外观察的领导和科学家们,也是屏气凝神、目不转睛。

原子弹交付试验前,邓稼先在交付单上签上了自己的名字。那一刻，紧张和焦虑不断震颤着他的心：在原理方面一点儿漏洞都没有了吗？好几十万个算式的计算是否都准确？那么多的零部件是否都合乎指标要求？材料性能怎么样？……

这一连串问题，他不知问过自己多少次，现在又在他的脑海里浮现。之前，很多领导既兴奋又紧张，都忍不住问他有没有把握，他只能笑一笑，说："请放心！"

两个月后，科研人员赶往新疆马兰基地集结。

马兰基地位于新疆巴音郭楞蒙古自治州境内，在罗布泊的西侧。这里本是一片杳无人烟的荒原。1959年4月，勘察大队选定乌什塔拉以南5千米处的一片盐碱滩作为生活区。此地离试验中心区300多千米，位于天山脚下，靠近博斯腾淡水湖，紧邻南疆公路，气候适宜，交通便利。另外还有一条天然河从这里流过，两旁长满了马兰草。

同年5月，勘察大队在该地规划蓝图时，正值马兰花盛开，蓝天白云之下，蓝紫相间的花丛在黄沙漫漫的戈壁滩上显得格外亮眼。核武器试验靶场主任张蕴钰见此美景，提议将基地生活区命名为"马兰"。此后，生活在这里的人们那种不畏艰苦、迎难而上的精神，与马

第四章
"我们自己干!"

兰花顽强的生命力交相辉映,融为一体。

马兰基地建设初期,正好遇到了三年困难时期,粮食物资都十分短缺,广大官兵咬紧牙关,用双手、肩膀,用饥饿的血肉之躯攻克了"创业"的艰辛。

当时,官兵们大多住在帐篷里,但这里风很大,帐篷经常被风掀起,被沙子掩盖,甚至被撕成碎片,住在里面十分危险。于是,大家就自己动手挖地窖。

没有食堂,大家吃饭时就找背风的山坡;没有实验室,他们便因地制宜,在烈日下做仪器高温试验,在寒冬深夜里做低温试验;缺少建材,他们就自己打窑、脱胚、烧砖;缺少粮食,他们就找野菜和榆树叶,代替食物来充饥;缺少生活用水,他们一盆水先蒸馒头再洗脸,澄清后再洗衣服,然后才舍得倒掉。

凭借这种不怕困难、不怕牺牲的精神,他们在荒漠中建起了一座小城,修筑了公路、铁路和机场,以及其他试验和生活设施。

风雨之后才见彩虹。一位老同志回忆起当年的情景,一往情深地说:"正因为条件艰苦、创业艰辛,才感到格外光荣。那样的日子,苦得幸福,苦得自豪!"

相对于生活区,罗布泊的核试验场的位置却是得天独厚,地形开阔,远离城镇,交通方便,附近有水源,地下水位低,而且不在地震带上,可以说是世界上条件最好的核试验场区之一。

在罗布泊核试验场区的一顶大帐篷里,有一个特制的大沙盘,从中可以看到,以铁塔为中心,周围星罗棋布地摆放着各种效应物以及测试工号。这些建筑、测量点从无到有,从不完备到布置齐全,与它们的建设者默默无闻的奉献有着不可分割的联系。

在爆心,102米的铁塔立起来了。1964年8月31日,试验场区从原子弹的运输、装配、控制、测试、测量,到侦察、取样、回收、洗消等各个环节,进行了全面预演。

这天黎明,一颗"仿真"原子弹从地下装配车间徐徐上升到地面,被装进巨大的吊篮里。指挥人员一吹哨子,操作员用力按下电钮,卷扬机启动。在卷扬机的带动下,吊篮徐徐升上塔顶。十几名技术人员在铁塔顶上严阵以待。"原子弹"在铁塔顶部的小屋里就位后,所有人员分批撤离……

在北京的周总理也时刻牵挂着远在西域的这颗"镇国之宝"。不管有多忙,他几乎天天都要和"前线"通一次专线电话,了解进展。

与此同时，美国的间谍卫星也在太空密切监视着我国核武器研究的动态。当时的美国总统林登·约翰逊得知"中国即将试验第一颗原子弹"，决定不论采取什么手段，都必须阻止中国成为一个核国家。为此，他还"抛弃成见"，主动与苏联联系，妄图以武力威慑，逼迫中国政府放弃核试验。华沙条约、北大西洋公约等组织，也在密切关注中国即将进行的核试验。

面对来自外界的重重阻力，当时针对原子弹的爆炸有两种声音：早炸和晚炸。经过分析，我们最终确定了早日爆炸原子弹的基调。

为了应对国际形势，做好保密工作，针对原子弹的运输、防止敌人破坏等问题，还规定了一些密语，比如：试验用的原子弹，密语为"老邱"；原子弹装配，密语为"穿衣"；原子弹在装配间，密语为"住下房"；原子弹在铁塔上的小房间，密语为"住上房"；原子弹插接雷管，密语为"梳辫子"；气象的密语为"血压"；原子弹起爆的时间，密语为"零时"。有关领导也编有相应的代号。

此后，原子弹工作进入了紧张的爆炸准备阶段。为了把原子弹完好地从青海金银滩运送到罗布泊的试验

第四章
"我们自己干!"

场,1964年8月中旬, 相关人员先进行了为期8天的模拟产品运输演练,先运走了假的,后来运走的才是真的。真弹在金银滩事先预装过,这时又被拆开来,分装进二十几个大箱子。

1964年9月29日14时24分,已拆装完毕的原子弹,从青海金银滩装车启运,并向北京报告:"老邱已上轿。"

运载原子弹的专列在西北的铁路线上飞驰,经过戒备森严的隧道、桥梁、车站……根据周总理的指示,这趟专列被定为一级专列,沿途警卫和到站后的警卫都按照国家元首级的警卫规格。九院副院长吴际霖负责专列的押送。

沉沉的夜幕中,火车呼啸奔驰。为防止静电,沿途机车检修工人的铁锤一律被换成铜锤。列车用煤也仔细用筛子筛过,防止煤里有采煤时遗留的雷管。沿途的所有客车都为专列让路,经过的高压线也陆续断电,待专列通过后再恢复供电。

为了防止美、苏的空降破坏,兰州、玉门、西宁、包头等地的核工厂以及核试验基地周围,还部署了37个雷达站加强警戒,同时派空军某歼击机师进驻试验基地待命。京广线以东地区的所有防空部队,也进入一级战备。

罗布泊已准备就绪,现在只等北京方面的指示了。根据周总理的指示,原先在北京的邓稼先和王淦昌、彭桓武、郭永怀等人也要赶到马兰基地,参加核试验。事不凑巧,邓稼先出发之前,他的母亲生病住进了北京医院。刘杰问他:"小邓,你能离开吗?"邓稼先毫不犹豫地说:"能!"

邓稼先总是这样,在关键时刻舍小家为大家,将中国的国防安全重任扛在了自己肩上。所以,他所获得的无限荣光背后,也有着他家人的付出和牺牲。

罗布泊升起了蘑菇云

核试验的时间一天天临近,试验场的气氛也越来越紧张。所有人都焦急等待着爆炸的那一刻,这个过程实在是有些难熬。

孔雀河畔临时搭起了一排帐篷,核试验指挥所就设在这里。作为核试验委员会的成员,邓稼先的宿营地也

第四章
"我们自己干!"

在孔雀河畔,但他的工作岗位则在距离爆心不远的地方。

为了监测中国核试验的进展情况,世界上一些国家动用了地震监测仪、海浪监测仪、侦察卫星、探空气球等,以便随时接收来自中国西部的不同寻常的震动波。

1964年10月14日凌晨,所有核装置就位。

这一天19时19分,承载着亿万国人梦想、重达3吨的中国第一颗原子弹,被吊升到了爆心的铁塔顶端。

这座铁塔高达102米,采用无缝钢管结构,有8467个零部件,工艺极其讲究。塔顶设置了一间金属结构的小屋,原子弹就放置在里面,片刻后,这颗"镇国之宝"将向世界展示它的威力。

所有工作人员都进入了紧张的忙碌状态。3000台监测监控仪器和诸多效应物围绕着爆心,各就各位。

马兰机场上,14架负责取样和剂量侦察的飞机正待命起飞。飞行员都经过严格的穿云破雾训练,做好了一切准备。雷达系统对数百平方千米的禁区实行周密而严格的警戒。兰州军区和新疆军区的空军部队,奉命进入了战备状态。

同一天,在北京中南海,毛泽东就核武器问题发表了极为重要的讲话。后来,这番讲话成为中国发展核武器的一贯立场和方针，得到了全世界多数国家的赞同。

10月16日，核试验委员会召开了试验前的最后一次会议。会议决定，16日上午，由工程师登塔完成原子弹起爆装置的最后安装，而后撤离爆心危险区。为了让安装人员没有后顾之忧，基地司令员张蕴钰、九院院长李觉及邓稼先等人要陪同安装人员完成这项工作，并且最后撤离爆心危险区。

10月16日清晨，高擎着原子弹的铁塔周围10多千米范围内空无一人。各部队、各参试单位均已撤至安全地带。罗布泊又恢复了往日的沉寂。

10月16日6时30分，工程师赵维晋按照预定计划，带着雷管开始攀登铁塔。

赵维晋年轻力壮，脚步稳健地沿着迂回向上的铁梯登上塔顶。此时东方刚刚露出鱼肚白，戈壁荒原还未苏醒，深秋的晨风带来阵阵寒意。眼前这个3吨重的"铁西瓜"和手中沉甸甸的雷管，让赵维晋心里有些紧张。

"不要慌，慢慢来！所有工作都做好了，没什么好怕的！"塔下传来邓稼先坚定的声音，使赵维晋像吃了定心丸一样平静下来。

10时，赵维晋顺利完成了插接雷管的工作。他从塔

第四章
"我们自己干!"

上下来后,长长地舒了一口气,揉了揉由于紧张而疲惫的眼睛。

邓稼先、张蕴钰、李觉一一和他握手,然后分别在操作规程表上签字。

"通电了?"李觉问道。

赵维晋回答:"通了。"

"撤?"李觉又问。

"撤!"张蕴钰点点头,又对李觉说,"这张签了字的规程表要存入档案。"他最后抬头向小屋里的原子弹行注目礼,然后和李觉分头坐进两辆吉普车,连同在塔下站岗的战士一起撤离爆心。

至此,所有工作都已准备完毕,震惊世界的一刻马上就要到来了。

吉普车开出几百米后,张蕴钰叫停吉普车,从车里伸出头去,再次看了看大漠中的那条长街。那条长街凝聚了太多人的心血和汗水,几个小时后,这一切都将不复存在。

11时,沉寂、空旷的长街上已经空无一人,各种仪器待命启动。

此时此刻,紧张而激动的氛围同样在北京弥漫着。

邓稼先的故事

兴奋不已的聂荣臻来到周总理的办公室，和周总理一起守候在电话机旁，与远在罗布泊的张爱萍保持着密切联系。

张爱萍向周总理报告，等待指示。周总理宣布中央批准爆炸时间为当天 15 时。

在罗布泊核试验场控制中心的坚固工事里，国防科委副秘书长张震寰按捺不住内心的喜悦，将观察孔的厚钢板拉开了一条缝，迫切地想要看到原子弹成功爆炸的场景。而作为主要负责人的李觉和邓稼先都提着一颗心：李觉担心的是那个无法捕捉的参数；邓稼先担心的则是数千台监测仪器能否准确记录原子弹的爆炸过程。

时针指向 14 时 50 分，离核试验起爆时间只有 10 分钟了。

邓稼先站在距爆心 10 多千米的指挥部地下室门口，戴着防护眼镜，急切地眺望着应该准时出现的最后一辆吉普车的影子。那是拆除原子弹最后一级保险的工程师乘坐的吉普车。它归来的时间经过精密计算，是个非常重要的信号。整个核试验场的工作人员都在等待它的归来。

时间一分一秒地过去，终于，一个小黑点慢慢出现在大漠的地平线上，邓稼先终于看清楚了，那是一辆卷着黄沙飞驰而来的军用吉普车。他看了看手表，距起爆

第四章
"我们自己干!"

时间仅剩 30 秒!他和几位将军马上回到地下指挥所,在指挥席上落座。

这时,大漠上空的太阳发出耀眼的光芒,似乎也在天际驻足,要看看这个人造的"太阳"到底将如何与它争辉。突然,地下指挥所里的警报器拉响了,尖厉的声音掠过试验场区上空,回响在广阔的荒原上。这是人们期待已久的声音。

紧接着,高音喇叭里传来倒计时的声音:"十、九、八、七、六、五、四、三、二、一,起爆!"人群不由自主地和高音喇叭一起计时,大家的心紧揪着,每个人都急切想要看到接下来的一幕。

霎时,铁塔顶部发出耀眼的光束,一颗红色的硕大火球冉冉升起,气浪奔涌,变幻翻卷,直冲云天。几秒钟后,茫茫戈壁上空似乎升起无数颗太阳,千倍于太阳的强光照耀着大漠;接着,从大地深处传来一阵闷雷般的巨响,巨响伴随着巨大的能量,仿佛整个世界都在为之颤抖。

几秒钟过后,大漠托起了一团蘑菇云,那燃烧的云团翻腾、舒卷、扩散,直冲云霄。

铁塔消失了;坦克、装甲车、火炮被气浪卷走;列车被掀翻、熔化；坚固的建筑被毁；大漠的沙石变成了五颜六色的玻璃体……这一切都是在短短的几秒钟之内发生的。这是战争的演示，也是最好的和平宣言；它是毁灭，更是新生。

蘑菇云腾空后，各种工号内的测试仪器高速旋转着，取样的高炮炮弹从四面八方接连射向蘑菇云，马兰机场取样的飞机腾空而起，纷纷向蘑菇云飞去，装甲车载着吱吱作响的探测仪冲向爆心，严阵以待的防化兵们冲进翻卷的烟尘中……

邓稼先和所有参加试验的人员听到那声震动天地的巨响后，如奔涌的潮水，争先恐后地跑出地下指挥所。他们兴奋地欢呼，疯狂地跳跃，帽子、衣物都飞上了天空。那一刻，他们紧紧地相拥而泣，彼此祝贺！6年的心血，6年的奋斗，终于换来了那震撼世界的几秒钟！

邓稼先激动得热泪盈眶，他看到每个人的眼睛里都闪动着晶莹的泪花。当人们挥舞着衣服、帽子欢呼时，他的视野里一片模糊，心里反而平静下来，此时已经没有任何语言能形容他内心的滋味。这是经历了无数次曲折、失败，最后取得成功时的平静，是让他异常享受、十分珍惜的平静。

第四章
"我们自己干！"

对于一位核物理学家、一名核武器的研制者来说，还有什么比此刻呈现在高空的蘑菇云更令他感到欣慰呢！他想起了当初跟妻子说的话："我要为这项工作奋斗下去，就是为它死了也值得！"

 "妈妈，我们成功了！"

1964年10月16日傍晚，在人民大会堂里，周总理向大家报告了两个重大消息：一个是苏联的赫鲁晓夫下台了；第二个就是今天下午3点，中国的第一颗原子弹爆炸成功了！

大厅里顿时响起了排山倒海的欢呼声，人们忘情地呼喊、鼓掌……这一天，新华社和中央人民广播电台向全国播报这一喜讯，各地燃放鞭炮，敲锣打鼓地庆祝。美国、苏联、日本等国也先后得知了这一消息，西方媒体对此做了专门报道。

当天晚上，马兰基地的大食堂里也举行了庆功会。

邓稼先的故事

邓稼先与理论部的同事们坐在一起,他是原子弹试验委员会的 58 名委员之一,也是灿烂星空中一颗耀眼的明星。他走到 1 号桌向诸位老将军、老一辈科学家敬酒,脸上带着孩子般无邪而纯真的微笑,眼里满是幸福的泪水。

从北京北郊的高粱地到青海的金银滩,再到新疆罗布泊,他们一路走来,克服了数不清的困难,闯过了一道又一道的难关,皇天不负苦心人,他们终于迎来了这欢庆的时刻。

在庆功会上沉浸于喜悦中的邓稼先并不知道,就在原子弹爆炸成功的前两天,他的母亲病危。这是许鹿希第一次找邓稼先单位的领导,希望邓稼先能赶回来见母亲最后一面。单位领导能够理解许鹿希的心情,但值此关键时刻,只要天不塌下来,一切都得等过了这段时间再说。

其实,许鹿希也不想打扰邓稼先工作,但看到躺在病床上已处于弥留之际的婆婆,她又不得不这样做。她的心一直悬着,担心丈夫不能赶在最后时刻和母亲见上一面。

庆功会结束后,邓稼先终于从九院党委书记那里听到了母亲病危的消息。他心中顿时泛起无限的苦涩和歉

第四章
"我们自己干！"

疼，真想早点儿见到母亲啊！

第二天，邓稼先便心急火燎地乘坐汽车从马兰基地赶往乌鲁木齐，然后乘飞机返回北京。下了飞机后，他直奔北京医院。站在病房门口，看到母亲的那一刻，他连声呼唤着"妈妈"，扑倒在病床前。母亲吃力地睁开眼睛，嘴角微微颤动了一下，缓缓伸出一只手，把儿子的手牢牢抓住，唯恐他再次离去。

邓稼先一阵心酸，泪水在眼眶中打转，他紧紧握住母亲的手。片刻之后，母亲把手抽出，颤颤巍巍地从枕头下摸出那张"号外"报纸，难抑激动地问道："儿啊，现在能告诉我了吗？"

邓稼先跪在病榻前，握着母亲冰凉的手，哽咽着说："是的，妈妈，我们成功了！"

此时，老人已经没有力气说话了，只是眼角淌着泪，饱含爱意地看着久无音信的儿子。

"妈妈——"邓稼先终究没有忍住，伏在母亲床边痛哭起来。他在心里说："妈妈，您辛苦了，孩儿对不起您！"

母亲微笑着合上了双眼，临终时刻等到了儿子，终于知道他为国家、民族所做的事业，她多年的心愿得到

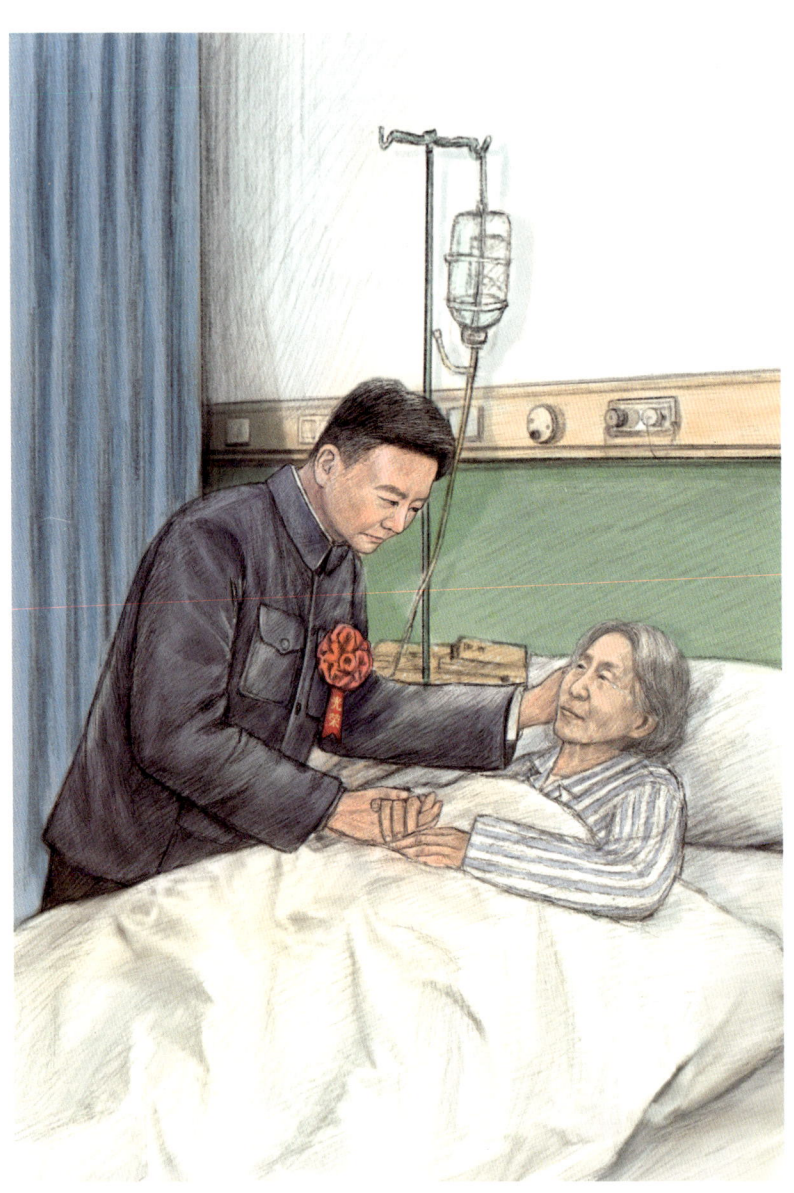

第四章
"我们自己干！"

了最大的满足。

邓稼先的岳父许德珩在中央政府担任要职，比普通人早几个小时知道了我国原子弹爆炸成功的消息。那天晚上，中国科学院技术科学部主任严济慈来到他家，已经75岁的许德珩手里捏着那张《人民日报·号外》问严济慈，谁有那么大的能耐造出原子弹啊？严济慈哈哈大笑，说："你还问我，快去问问你女婿吧！"许德珩心里一下子就明白了，他知道这事应该保密，本不想再问，但激动的心情还是让他脱口而出："是稼先？" 得到肯定的答案后，两位老人开怀大笑。

研制原子弹的困难常人难以想象，但内行人却十分清楚。我国第一颗原子弹爆炸成功后，美国报刊多次提到邓稼先是这个项目的重要领导人，同时也有传言说美国人参与了研制。

杨振宁于1971年首次回国探亲时，在北京和邓稼先见了一面，两个人分别已有22年，见面后有说不完的话。此时中国已经成功爆炸了原子弹、氢弹，但原子弹仍是国家的机密，这个话题是绝对的禁忌，俩人对此都心照不宣，极力避免提到相关内容。

杨振宁离开北京临上飞机前，实在忍不住了，见只有他们两个人，便在停机坪的栅栏口停住脚步，转过身来压低声音问道："稼先，我听说有一个叫寒春的美国人曾经参与中国原子弹的研制，这是真的吗？"邓稼先回答说："据我所知没有，待我证实以后告诉你。"

邓稼先认为，杨振宁的问题代表了国际舆论对中国研制原子弹的一个态度，因此，他送走杨振宁后，立刻向上级请示。周恩来总理明确指示，要邓稼先如实告诉杨振宁，中国的原子弹、氢弹全部是由中国人自己研制的，没有一个外国人参与。

于是，邓稼先连夜给杨振宁写了一封信，派人乘飞机赶到上海，在上海市领导为杨振宁饯行的晚宴上，将信交到杨振宁手中。杨振宁当场打开并阅读了这封信，当他看到信中明确说中国的原子弹全部是由中国人自己研制的时候，也抑制不住内心的激动，热泪盈眶，以至于不得不起身到洗手间擦拭眼泪，平复澎湃的心情。因为他深知这对当时的中国有多么艰难，需要克服多少困难！

中国原子弹的成功，打破了美苏的核垄断，是对世界和平的重大贡献，也让身处世界其他国家地区的所有中华儿女扬眉吐气、展露笑颜。世界开始重新认识社会主义新中国。

第五章

「原子弹要有,氢弹也要快」

面对氢弹那个空白的世界，邓稼先想起美国一位研制氢弹的专家曾经说过："搞氢弹就像是迷失在原始森林的孩子一样，既充满危险，又与外部世界隔绝，即使自己有一颗古代炼丹士的心，也难免陷入地狱和苦海里挣扎。"

牵住"牛鼻子"

第一颗原子弹成功爆炸后,全国上下一片欢欣鼓舞。但是,中央领导人却无法过久地沉浸在已经取得的成绩当中,在一次中央专门委员会会议上,周恩来总理提到了氢弹。

原子弹和氢弹都属于核武器,但是两者的差别却很大。氢弹的技术比原子弹更复杂,也更尖端。通俗地讲,原子弹是用中子当火柴,去点燃裂变材料,引起爆炸;而氢弹则是用原子弹当火柴,去点燃聚变材料,引起爆炸。所以,对氢弹来说,原子弹只是一根引燃用的火柴头……

邓稼先的故事

如果说我国原子弹的理论设计曾得到苏联专家的一些帮助,为我国的原子弹研究起了引路作用,那么,氢弹技术对于研究人员来说完全是一片空白。

在会议上,周总理提出要加快氢弹研制的计划。

1965年1月,毛泽东针对氢弹研制计划,也提出了"原子弹要有,氢弹也要快"的希冀。

于是,当原子弹爆炸的烟云还在高空飘浮萦绕之际,中国研制氢弹的攻坚战又打响了。轻核理论组的黄祖洽、于敏、何祚庥等31人,奉命合并到核武器研究所,壮大了氢弹研究的力量。

当时,世界上只有美、苏、英三国试验了氢弹,其原理和结构方程式都是严格保密的。作为核物理研究方面的资深专家,邓稼先和其他核物理学家一样,除了知道氢弹爆炸应达到的TNT当量,对别的一无所知。

这一次,中央领导人的话又勾起了邓稼先心中的熊熊火焰:既然外国人能搞,中国人为什么就不能搞?既然别人能成功,我们也一定能成功!

面对氢弹那个空白的世界,邓稼先想起美国一位研制氢弹的专家曾经说过:"搞氢弹就像是迷失在原始森林的孩子一样,既充满危险,又与外部世界隔绝,即使

第五章
"原子弹要有，氢弹也要快"

自己有一颗古代炼丹士的心，也难免陷入地狱和苦海里挣扎。"这种困境，就是邓稼先即将面对并需要想方设法克服的。

邓稼先主持的理论部再次成为"龙头中的龙头"。为了获取美国氢弹的信息，他们翻遍了自1945年以来20年间的《纽约时报》，想要从中找到一点儿蛛丝马迹，却一无所获；他们又把美国当年审查"原子弹之父"奥本海默时公开的证词资料，翻来覆去读了很多次，只找到一条与氢弹有关但又没什么用处的信息——他们搞的氢弹要用牛车拉。

彭桓武听了邓稼先的这个汇报，不解地问道："用牛车拉是什么意思？"

邓稼先说："我琢磨来琢磨去，可能是他们搞氢弹设计时，计算的数据纸多得要用牛车拉。"

彭桓武沉思片刻，说："我早说过，搞氢弹就得闭门造车，不能指望旁人。从今以后，我们所有的精力都得放在闭门造车、冥思苦想上。天上不会无缘无故掉下来一颗氢弹让我们学，它只能从我们的脑子里钻出来。"

说到原子弹、氢弹对于国家的重要性，赫鲁晓夫下台前的一次采访就是最佳的注解。当时赫鲁晓夫访问美国并做了一次演讲,演讲结束后,一位美国记者问道:"赫鲁晓夫先生,你的演讲打动了在场每一位听众,我觉得你不是在演讲,而是以天鹅般高傲的心在歌唱,这实在是太精彩了。"

"是吗?我的演讲真像是天鹅在歌唱吗?"听到这样的恭维,赫鲁晓夫显得扬扬得意。

"赫鲁晓夫先生,请问,是你在演讲,还是你的核弹在演讲?是你在歌唱,还是你的氢弹、原子弹在歌唱?"另一名记者幽默地问道。

"正如你所说,我的核按钮在陪伴我演讲,我的氢弹、原子弹在为我伴奏。"

赫鲁晓夫的回答道破了一个现实:在当时的国际形势下,氢弹、原子弹是国力的象征。在两极格局下的世界,氢弹、原子弹是霸权者进行核讹诈的资本,也是正义者的护身符。

邓稼先深深地意识到祖国眼下正需要这个法宝。但是,面对氢弹这个更加神秘难解的方程式,这个世界级的难题,应该从何入手呢?

既然没有捷径可走,只能迎难而上,发挥团队的智慧和力量,众人拧成一股绳,攻破氢弹研制的难关。

第五章
"原子弹要有,氢弹也要快"

邓稼先带领的理论部又像以前那样全副身心地投入氢弹的研究。在艰难的研究中,邓稼先从来不耍官威,而是倡导学术民主,鼓励众人大胆发表自己的见解,只要经得起推敲,谁有道理,谁就是权威。

每周邓稼先都会组织一次业务讨论会,讨论工作中遇到的问题及解决方法。无论是副主任还是刚刚毕业的大学生,都要参加会议,大家在会上畅所欲言、各抒己见,谁都可以提出不同的看法。

理论部有不少个性强硬的人物,但不管争论如何激烈、言辞如何犀利,邓稼先从不生气。时间长了,大家都由衷地佩服这位学问大、脾气好的"老邓",也习惯了讨论会上针锋相对、你来我往,会后则依然保持心平气和、团结友好的工作氛围。这也是九院人引以为自豪的科研文化。

"在发扬学术民主方面,老邓功不可没。"邓稼先的学术秘书笪家亨后来回忆说,"我们没有任何思想压力,心无旁骛地做事情,我至今仍怀念那样的氛围。"

在这个攻坚克难的集体里,邓稼先始终紧紧团结每一个人,调动每个人的工作积极性,从而实现人人平等、集思广益。不论是领导还是下属,都认为"老邓是最适合做这个主任的人,他就是有这个本事,把大家团结起来,分工协作,完成国家交给我们的任务"。

那个时候,中国只有两台运算速度为每秒 5 万次的大型计算机,一台在北京中科院计算所,另一台在上海华东计算所。为了争取时间,有效利用仅有的宝贵资源,九院成立了两个氢弹原理攻关小组,一个在北京,一个在上海,由邓稼先和副主任于敏分别负责。邓稼先从此开始了在北京、上海两地之间的奔波。

由于毫无经验可循,一直到 1965 年 5 月,邓稼先等人在 4 个月中走了不少弯路,挫折和困难接踵而来。但是,不管多苦多难,他们也要咬紧牙关攻下来。

终于,上海小组找到了一个突破氢弹原理的可能途径。拿到计算结果后,于敏眼含热泪,说:"我们到底牵住了'牛鼻子'!"所有人都激动不已。

氢弹研究就像在茫茫黑夜中独行的舟船,终于见到了一丝曙光。无论是氢弹原理还是形状构造,于敏都提出了基本完整的设想,起到了关键作用,大大缩短了中国氢弹的研制时间。

按照事先约定的"暗语",于敏给在北京的邓稼先打了个电话,他努力克制自己的兴奋之情,试图用平静

第五章
"原子弹要有，氢弹也要快"

的语调说："老邓，我带大伙出来打猎，告诉你，我们打到了一只大肥鸭！"

邓稼先愣了一下，他知道那只"打到的肥鸭"是好消息，便说："老于，你们美美地吃了一顿？"

于敏说："不，现在还不能把它煮熟，要留作标本。"

邓稼先问："为什么？"

于敏说："我们有新发现，它的身体结构特别，需要做进一步的解剖研究，可惜我们人手不够。"

邓稼先二话不说，马上带了几个人坐飞机赶往上海。抵达上海后，他们顾不上休息，就开始了紧张的工作。晚上，他们就在机房的地板上和衣而卧，有时通宵达旦地"连轴转"。邓稼先组织大家分析难点，寻找解决问题的入口，终于拿出了一个有充分论证根据的方案。

就这样，被外国人称为研制氢弹的"邓－于理论方案"诞生了！

秋天的上海，雨后已带有一丝凉意。邓稼先和于敏等人走在河边的马路上，每个人的脸上都挂着舒心的微笑。

人逢喜事精神爽，邓稼先这位身高一米八的汉子，此时兴奋得像个孩子。他一会儿拍拍这个人的肩膀，一会儿捅捅那个人的胸脯，语无伦次，嘴里不住地念叨：

邓稼先的故事

"太好了！太好了……"

本来大家想要于敏请客吃饭，谁知于敏脑子一转，抢着说："谁的工资高谁请，这是老规矩。"邓稼先笑着从兜里掏出几张 10 元的大票，甩了甩，潇洒地说："走！下馆子去，我请客！咱们喝黄酒吃螃蟹，来个一醉方休！"

那天晚上，在一家国营餐馆里，十几个人彻底放开了，一反平日工作时的斯文形象，豪放不羁地大吃大喝，满碗的绍兴黄酒一口见底。那些不会剔螃蟹肉的北方人，索性连蟹壳一块嚼了。在饭店这种公开场合，自然不能谈工作，他们便轮流敬酒，大声地喊："干！"邓稼先和于敏喝得满脸通红，年轻人也喝得头重脚轻。

随后，邓稼先和于敏向上级报告了这个方案，二机部领导支持他们立即做冷试验。不久后进行的几次冷试验，都证明"邓－于方案"是正确的。

于是，邓稼先和于敏不再分头探索，而是集中力量按照"邓－于方案"进行攻关，并进行了两次热试验。

第一次是在 1965 年 5 月 9 日，他们用轰－6 中程轰炸机空投了一枚 20 万～30 万吨当量的铀 235 原子弹，试验取得成功。

第二次是在 1966 年 12 月 28 日，目的是检验热核爆炸的基本原理，他们用的是一枚 30 万～50 万吨当量的铀－锂核弹，又获得成功。

这两次爆炸证明了"邓－于方案"的正确性。据此推断，在 1967 年底或 1968 年上半年，中国有可能研制出第一颗氢弹。

整个九院和核工厂都紧张地动员起来了：理论部推算氢弹的各个技术参数，从总体上勾画出其结构和性能；设计部根据理论部提供的数据，绘出制氢弹的零部件图纸，交由生产部加工制造；实验部则运用各种手段对氢弹的各个部件进行检验，如果达不到要求，则重新修改图纸。

目标既定，有了原子弹研制的经验，整个基地就像一部精密运转的机器，一切进行得有条不紊。

第五章
"原子弹要有,氢弹也要快"

再难也要按期完成

氢弹研制有了初步的眉目,"文化大革命"却开始了。邓稼先身在北京,也未能幸免。

有一天邓稼先下班回家,看到家门前一片狼藉,屋门上被砸了一块块煤泥,家里也被弄得乱七八糟,窗户破了,书房里满地都是书籍、手稿。他进屋小心翼翼地捡起了一张张满是自己心血的手稿。突然,他听到身后有响动,回头一看,是妻子许鹿希回来了。她看上去疲惫不堪,头发凌乱。

邓稼先伸手抱住妻子,许鹿希眼里顿时涌出两行泪,邓稼先替她擦去眼泪,安慰她说:"要挺住啊!挺过去,就没事了。"

然而有一天,邓稼先在办公室也忍不住哭了起来。于敏、周光召推门进来,看见他泪流满面的样子,不由得愣住了,紧张地问道:"老邓,怎么了?"

邓稼先的故事

邓稼先哽咽着说，他刚刚接到消息，他的三姐不幸去世了。他双手抱头痛哭，众人纷纷过来安慰，收住哭声的邓稼先悲愤无言，两眼痴痴地瞪着天花板……

当时九院的墙上贴满了大字报，单位内部还成立了群众组织，研究工作也因此被迫停顿。

为了保证氢弹研究工作不受太大的影响，邓稼先挺身而出，力劝大家暂时收起分歧，重新携起手来，投入突破氢弹技术的工作之中。

那时，邓稼先经常挂在嘴边的一句话就是："氢弹设计不能停，再难也要按期完成。"

科学家们就是在这样备受冲击的情况下，争分夺秒地进行氢弹研制工作。

1966年10月，和当年制造原子弹时的情景很相似，一座110米高的铁塔在戈壁深处威武地竖立起来，氢弹原理试验装置被放在塔顶上。如果不出意外，这里将成为氢弹原理试验的场所。

11月下旬，寒风刺骨的罗布泊戈壁滩又一次迎来参加核试验的大军，理论、设计、试验、生产、装配等各路人马会集于此，准备进行氢弹原理试验。罗布泊再一次沸腾起来。

第五章
"原子弹要有,氢弹也要快"

为了保证试验一次成功,邓稼先与参加试验的人员同住一个帐篷,与工程技术人员一起认真检查仪器导线是否畅通、焊接部位是否牢固。他经常几个昼夜都不能睡一个囫囵觉,只能在天快亮的时候,找个角落小憩一会儿。

西北地区植被本来就很稀少,到了秋冬季节更是三天两头刮大风,大风卷着沙尘将他们的帐篷吹得歪歪斜斜,时间久了,帐篷还到处漏风,尽管里面生着火炉,却冷若冰窖。

每次走进冰冷的帐篷,邓稼先脑子里就不由自主地冒出《露营之歌》中的两句:"火烤胸前暖,风吹背后寒。"幸好工作人员大都不是第一次来,对这里的气候和环境已经习惯了。

1966年12月21日,氢弹装置被空运到了试验场。经过多次试验,仪器运转全部正常。氢弹装置被吊到铁塔上,进入待命状态。

邓稼先期盼已久的时刻终于要到来了。他戴着墨镜,站在距离铁塔20千米的掩体里,目不转睛地注视着远方,等待那个验证他们多年心血与付出的精彩时刻。

12月28日12时,随着一道强烈的闪光,蘑菇云翻滚着直冲九霄，强烈的轰鸣震撼了戈壁荒原……

邓稼先心里一阵狂喜：爆炸成功了！场上一阵欢呼雀跃。之后，试验部的测试人员紧张地忙碌起来，全神贯注地进行速报计算。氢弹爆炸后，测试人员取得了大量测量数据，特别是取得了热核反应过程、聚变威力等重要数据。

结果显示，氢弹原理试验达到了预期目标，同时也证明了"邓－于方案"切实可行，且更为先进、简便。

当天晚上，中央人民广播电台播发了经周总理亲自审定的新闻公报，宣布我国又成功地进行了一次新的核试验。

又一朵蘑菇云升起

1966年的最后两天，与核试验成功完成仅隔了一天，马兰基地召开了一次座谈会。

会上，科学家们一致认为，这次氢弹原理试验能够

第五章
"原子弹要有，氢弹也要快"

成功，正说明这条路子走对了。下一步将采用这个原理，争取在1967年国庆节前，通过空投的方式，进行一次百万吨级全当量的氢弹空爆试验。

那个时候，第一颗氢弹空投是值得骄傲的壮举，因为空投氢弹的安全性要求很高，难度很大。中国已经用轰炸机投过原子弹，具有一定的经验，但是氢弹的爆炸当量比原子弹大上百倍，而且空投还需要解决很多复杂的技术问题，比如弹体下落的轨迹、投弹高度、飞机退出的航线、机舱内改装等。

一天，彭桓武抱着一堆外文报刊来到理论部的办公室。周光召问他有什么新发现，他说："西方媒体都在猜测法国什么时候爆炸氢弹。我猜法国很有可能在1967年爆响氢弹。"

邓稼先听了，猛地抬起头，急切地问道："这么说，法国有可能抢在我们前面？"

彭桓武点点头，说："很有可能。"

大家都不愿落在法国后面，希望能够提前进行氢弹试验。经中央讨论批准，氢弹试验的时间提前到了7月1日之前。

计划突然提前，给核试验基地带来了巨大压力。

首先是工程保障任务变重。这次试验需要建设327项工程，负责场区施工的工程保障部队刚刚完成氢弹原理试验任务，本该撤出休息，但新的任务迫在眉睫，他们只能硬着头皮继续干。

其次是核试验研究所要安排30多个试验项目，需要400多台测试仪器设备。为了获得准确的数据，在使用飞机穿云取样时，增加了雷达跟踪测控等手段。因为没有可供参考的先例，研究人员只能抓紧研制新的测控系统。

和第一颗原子弹一样，在预定的爆心周围依次排列了呈放射状散开的各种效应物：一架架飞机，一辆辆坦克，一艘艘军舰，一处处桥梁、车站……为了做到"一次试验，全面收效"，研究人员在场区的不同方位、不同距离上，一共安排了137个效应试验项目，布放了1800多件效应物，规模远比第一颗原子弹爆炸时要大。

在核试验基地戒备森严的地下车间装配台上，中国第一颗氢弹已经总装、检查完毕，只待装上飞机投掷了。邓稼先庄重地在《氢弹试验任务书》上签下了自己的名字。

在核弹总装、检查完毕，插好雷管，准备试验之前，每一次都需要一名负责人签名，表明核弹的准备工作一

第五章
"原子弹要有，氢弹也要快"

切就绪，可以点火了。这是对国家负责的一次重要签字，意义非同一般。

邓稼先是理论部的负责人，所以曾多次挑起这副千钧重担。对他来说，每次核爆前的时间都是一种煎熬。在某些文艺作品里，邓稼先的形象往往是"气定神闲、镇定自若"，其实并非如此，很多人都见过他在重大试验方案上签字时双手颤抖的样子——在巨大的压力下，他也担心试验失败。

1967年6月17日，这一天，罗布泊晴朗无风、碧空无云，是个难得的好天气。在马兰机场，轰-6中程轰炸机准时起飞。

8时20分，飞机弹舱开启，氢弹落下……开伞……氢弹犹如蔚蓝色的海洋中一个浮沉着的深水炸弹，使劲地拽着降落伞，摇晃、飘飞、滑行、下落……霎时，一道炽烈的白光闪过，接着便是一声震耳欲聋的轰鸣，响彻云霄……

氢弹在距靶心315米、高度2960米处爆炸了，天空中出现了两个太阳：一个自然的太阳，一个人造的太阳。两个太阳并排高挂在蓝蓝的天空中，十分壮观。

伴随着隆隆的轰鸣声，人们从指挥部、掩蔽堑壕里跳出来，兴奋地欢呼跳跃。一阵强风带着热浪扑了过来，有的人几乎被吹倒，这正是氢弹冲击波的威力。在远处伞状烟云的笼罩下，欢呼声经久不息。

从第一颗原子弹爆炸到氢弹爆炸，美国用了7年零4个月，苏联用了4年，英国用了4年零7个月，而中国只用了2年多的时间，以最快的速度赶在法国之前完成了从原子弹到氢弹的历史性跨越。

中国全当量氢弹试验成功，再一次震惊了世界，也让美国政府惊愕不已。因为美国进行了45次原子弹试验后才转入氢弹试验，而中国只进行了5次原子弹试验就成功地将氢弹研制出来了。法国总统戴高乐得知消息后大发雷霆，拍着桌子质问：法国的氢弹为什么迟迟搞不出来，而让中国抢在了前面。

不管怎样，在原子弹、氢弹爆炸的烟云中，中国让整个西方世界震惊，同时也赢得了平等和尊严。

第五章
"原子弹要有,氢弹也要快"

任何一件小事都是大事

从原子弹试验到氢弹试验,邓稼先等人用行动表明,无论遇到什么困难,他们都对科学研究矢志不移。同时,科学研究也是无止境的。所以,氢弹试验成功后,邓稼先又开始了新的研究课题——制造小型化、实战化的核弹。

制造核弹是很危险的。有一次,他们要在特种车床上加工核弹的核心部件,把纯度极高的强放射性部件毛坯切削成符合要求的形状,这项工作危险性极大,不能切多,也不能切少,更不能有一个火星,必须做到分毫不差。李觉和邓稼先站在工人身后,看着工人一刀一丝、一丝一刀地操作,每车一刀测一次数值。年长的李觉站了一天后,因为体力不支导致心脏病发作,被人搀走休息。邓稼先则坚持了一天一夜,直到第二天早上拿到合格的产品。

不久,小型化、实战化的核弹以最快的速度出厂了。

第五章
"原子弹要有，氢弹也要快"

核弹试爆前要安装雷管，这是整个过程中最危险的环节。操作者必须格外小心，现场鸦雀无声，大家都高度集中注意力，以防发生事故。所有人都明白，一旦操作不当，后果不堪设想，将给国家造成难以弥补的损失。

每当这个时候，邓稼先总是默默地站在离操作人员不远的地方，他要稳住人心，给大家精神上的鼓励。每次操作人员都劝他离开现场，到安全区去，他总笑着说："我是来给你们壮胆的。"

即使邓稼先远在北京，基地出了问题，也会打电话向他请示解决办法。

一天晚上，邓稼先已经上床休息了，突然听到急促的电话铃声，他接听后才知道是基地那边出了问题。汇报情况的人很紧张，邓稼先问明情况后，详细告诉对方解决问题的流程。经过五六个小时的电话指导，远在千里之外的工作人员终于妥善处理了事故，化险为夷，没有造成人员伤亡。

核弹的加工处理不能出任何纰漏，邓稼先经常说："在我们这里没有小事，任何一件小事都是大事。小事如果处理不好，就会酿成大祸。"

九院迁到四川山区以后，一天深夜，邓稼先床头的

邓稼先的故事

电话突然响起,是核材料加工车间打来的电话,说有一个重要部件的加工出了问题。邓稼先放下电话,穿着拖鞋就出门了,他叫醒司机立即开车前往出事的车间。

那是一个已经连续下了好几天瓢泼大雨的深夜,电闪雷鸣,风雨交加。吉普车沿着盘山公路行驶,道路的外侧是悬崖,悬崖下洪水咆哮,令人胆战心惊。

当吉普车驶下山坡来到一座桥头时,水已经漫过了桥,幸好司机反应快,及时刹住了车。邓稼先借着车灯的光柱向前望去,只见浑浊的河水打着漩涡,从桥面急促流过。水有多深,桥面是否塌陷,他们很难借着车灯看清楚。

司机说,这条河平时就很湍急,暴雨涨水的时候就更不用说了。不久前的一个白天,一辆卡车就在这里翻进河中,车毁人亡。

邓稼先明白司机的心思,其实他自己也有些害怕,但是时间耽搁不起,他拍了拍司机的肩膀,鼓励他说:"冲吧,现在洪水还不是很大,桥面不会被冲垮。如果再犹豫,等山洪下来,我们进退都有危险。"

"老邓,你可是大科学家,万一……"司机还是有些担心。

第五章
"原子弹要有,氢弹也要快"

想到车间可能发生的事故,邓稼先急了,命令道:"咱们是去排除故障,这可不是儿戏,耽误不得。干咱们这一行的,出了事故就不得了啊!"

司机只能听命行事,他加大油门,吉普车犹如一艘快艇劈开水面,冲上了桥面。他们刚到对岸,一排巨浪打来,随着一声巨响,桥栏杆全都消失在洪水中。

"老邓,好险呀!"司机喘着粗气说。

邓稼先掏出一支烟,递给司机,笑着说:"看样子我们命大呀,死不了!"

日复一日的紧张工作,像一块磨刀石,一点点地损耗着邓稼先强壮的身体。50岁以后,邓稼先表面看起来很强壮,但已经开始出现衰老的迹象。

同时,由于长期生活在深山大漠的实验基地,邓稼先多年无法向父亲尽孝。1973年,邓稼先的父亲邓以蛰病危,癌细胞全身扩散,非常痛苦。邓稼先恰好回北京汇报工作,顺便去看望了父亲。为了不让儿子挂念,能够专心投入工作,邓以蛰强忍病痛,尽力在邓稼先面前保持安详、欣慰的神态。这年5月2日,邓以蛰与世长辞,与日夜思念的邓稼先永别了!

邓稼先的故事

把最危险的事情留给自己

1982年,在一次核试验中,核装置已经下到了井口,留守北京的于敏突然想起一个过去被忽略的物理因素,急忙打电话请求暂停作业,并立即组织人员用多个程序对算。

当时的情况可以说是牵一发而动全身,各级领导不断追问进展。邓稼先在现场心急如焚,怎么办?如果轻易停止试验,无法解释交代;如果继续试验,一旦出了问题,后果不堪设想。

身为九院院长,邓稼先知道,只有自己稳住心神,军心才不会乱。

为了尽快解决此事,邓稼先忙了两天一夜,用各种办法推算,从各个角度检验,以证明是否能够继续试验。停止试验的话,起吊装好雷管的核弹本身就非常危险,何况还要卸去已经拧死的螺丝钉才能改动装置。他反复

第五章
"原子弹要有，氢弹也要快"

推算，断定核试验可以照常进行。最后，这次试验也确实取得了成功。

试验成功后，邓稼先十分高兴。然而在庆祝会上，一向颇有酒量的他只喝了一口酒，突然就倒下了。医生检查后，认为邓稼先昏倒除了疲劳过度，还与多年来受到放射性伤害，体质变弱有很大关系。

事实上，研制核武器除了体力和脑力的过度消耗，还有一个更可怕的后果，那就是钚 239 和铀 235 的放射性对人体的伤害。比如居里夫人，就是死于过度辐射引起的再生障碍性贫血。

邓稼先和居里夫人一样，长年与放射性物质打交道，经常出入车间，在很长一段时间里，他几乎天天接触放射性物质点。车间里虽然有防护设施，但是测试放射量仪表的指针常常指向最高。原子弹、氢弹的装配车间，更是被科学家和工人们称为"阎王爷在人间的临时收容所"。所以，操作人员每操作一步都如履薄冰，小心翼翼。邓稼先本来可以不去车间，但为了给操作人员的心理减压，关键时刻他总会出现在车间。他也因此成了那些默默无闻的工人师傅的朋友和"定心丸"。

有一次开密封罐观看测试结果，由于原有的防护措

邓稼先的故事

施不足以抵挡新材料的放射强度，邓稼先等人一下子受到了超出常量几百倍的辐射。大家心里都明白会有什么后果，但工作仍然照常进行，邓稼先自己也并不在意。

最严重的是1979年夏天的那次空投核弹试验。当时，因为核弹的降落伞没有打开，1吨重的核弹从高空直接掉到地面上。核弹掉到了哪里？它的状态如何？大家的心都提到了嗓子眼儿，因为这类事故很有可能引起严重后果。

指挥部立刻派出防化大队寻找掉落的核弹。靶区面积将近10平方千米，指挥员在地图上将靶区划分为9个方格，每个方格大约1平方千米。车辆一字排开，以15千米的时速前进。

因为这片靶区进行过多次核试验，核辐射很强，仪器不断发出"嘀嘀嘀"的响声。在第三次掉头搜索后不久，有几台车先后发现读数异常，指挥部很快确定了核弹掉落的位置。

许多科研人员，甚至国防科委的领导，都抢着要往禁区冲，想尽快找回核弹。邓稼先决定自己到现场验证，基地领导拦住他："老邓，你不能去，你的命比我值钱。"但邓稼先认为自己作为负责人，理应承担事故

第五章
"原子弹要有，氢弹也要快"

责任，因此需要亲自到现场查看，找到事故原因。他对核辐射的危害再清楚不过，但是他想，这事无论如何他都得去！

当时人们还不知道核弹是因为降落伞没有打开而掉落，也不知道掉落的核弹到底是什么状态。如果在察看过程中核弹意外爆炸，后果不堪设想。

最后决定由邓稼先和二机部副部长赵敬璞一同前往现场。他们坐上吉普车，朝戈壁深处驶去。

路上，吉普车里的空气似乎凝滞了，两个人都忧心忡忡，一言不发。邓稼先眉头紧锁，忐忑不安地思考着一连串的问题：究竟是什么事故？有几种可能？最坏的结果是什么？怎样避免损失？……他反复在脑海中排查与这次核试验相关的问题，唯独没有想过核辐射对自己的伤害。

吉普车在戈壁荒滩上奔驰，也意味着邓稼先离危险越来越近。但他早已把自己的生死置之度外，只想早点儿确定事故原因，从而减少损失，避免发生更大的事故。

到了事故发生区域的边缘，邓稼先让汽车远远地停下来，凭着科学家的直觉，他感觉到这颗核弹虽然没有爆炸，但是仍然存在对人体产生巨大伤害的危险，所以坚决阻止赵敬璞和司机与自己同行。

赵敬璞和司机执意要去，邓稼先一反常态地急了，他顾不得赵敬璞的领导身份，严肃地说："你们给我站住！你们过去也没有用，没有这个必要……"后面的"白白做出牺牲"被他强行咽了回去。在他看来，在这种危险的时刻，尽量减少"牺牲"，就能尽量为中国的核事业保留一个可用之才。

邓稼先默默地穿戴好防护措施，赵敬璞和司机不放心，一直叮嘱他注意安全。一切准备妥当后，邓稼先戴上墨镜，身穿白色防护服，一步步地向目标走去。

过了一会儿，邓稼先看见了那颗核弹，它已经摔碎了，碎片散布在半个足球场大的范围内，核弹着落处有一个大坑。他快步走过去，在强烈的责任心驱使下，用手拿起一块弹片察看——他悬着的心终于放下了，最担心的后果没有出现。

当他拖着疲惫的身躯走回吉普车时，赵敬璞首先看到了他脸上的笑容。邓稼先简洁地说道："平安无事！"随后，他主动邀请赵敬璞合影留念。他们两个人头戴白帽，身着白色防护服，口罩一直遮到眼睛下边，站在无边的戈壁滩上，留住了这个难忘的时刻。

第五章
"原子弹要有,氢弹也要快"

正是因为这次事故,邓稼先受到了极为严重的钚239的辐射伤害,放射线彻底摧垮了他的健康防线。

用武器扼杀武器

邓稼先一直密切关注世界各国的核武器发展状况。他注意到,20世纪70年代末80年代初,美国总统下令恢复发展并生产中子弹。

中子弹是一种低当量小型氢弹,只杀伤敌方人员,对建筑物和设施的破坏性很小,也不会带来长期的放射性污染,因此它比较"干净"。比如用中子弹袭击装甲车,车辆不会被摧毁,只会杀伤车内人员。这就使中子弹成为防御敌人进犯最理想的武器。

作为一名核科学家,邓稼先知道,必须使自己的祖国在核武器研制方面站在世界前列,否则就谈不上有强大的国防威慑力。所以,他在生命的最后几年,依然全身心地投入新一代核武器的研究中。

邓稼先的故事

1984年底,也就是邓稼先去世前一年半,此时他的身体已经十分虚弱,但是他不顾个人安危,再一次来到罗布泊试验场,着手进行我国新一代核武器的地下试验。

时值隆冬,罗布泊天寒地冻,邓稼先像往常那样安排工作,检查准备情况。这些天来,他一直拉肚子,浑身无力,检查工作时几乎迈不开步子,只好由两位同志搀扶着,才勉强到达目的地。

大家还以为他是水土不服,其实真正的原因是便血。自从1979年那次近距离检查未爆炸的核弹后,他的身体明显变差,他对此心中有数,但是从来没对别人说起。

夜里,邓稼先坐在昏暗的灯光下,一遍又一遍地审阅试验设计报告。凌晨2点了,他仍然无法入睡,焦急地等待着地下竖井里安放核装置的进展情况。倘若一切顺利,新一代核武器第二天就可以起爆。

夜越来越深,外面狂风呼啸。邓稼先看着早已熟稔于心的试验设计报告,认真地思考和判断,检查数据是否准确,唯恐粗心漏过一个字。几个小时后,他终于逐字逐句地看完了报告,并郑重地签上了自己的名字。

邓稼先的故事

"我不爱武器,我爱和平;但为了和平,我们需要扼杀武器的武器。"这是著名学者泰勒的名言,邓稼先时常引用。在一次会议上,他坦言道:"如果说原子弹、氢弹是大规模摧残性的进攻性武器,那么,新一代核武器则是一种有效的战略防御武器,……它对于保卫国防具有更重要的价值。……我们一定要搞成。外国人可以做到的,我们也一定能做到。"

那口直径2.5米、深600多米的地下竖井,就是试验中子弹的地方。邓稼先和往常一样,坐在指挥部里,等待着井下的消息。

邓稼先先后主持过15次核试验,凡是他做的重大决策无一失误。有人戏称他为"福将",有老天爷保佑。实际上,如果没有一丝不苟的工作态度,没有如履薄冰的研究过程,没有吃大苦、耐大劳的奋斗精神,没有上下左右的团结协作,老天爷也是靠不住的。

此刻,核装置已被放入井下,各种测试仪器开始启动。

在指挥部里,邓稼先感到十分疲惫,给自己又冲了一杯盐糖水喝下去。这时,急促的电话铃响了,现场指挥人员报告说:有个信号测不到了。

第五章
"原子弹要有,氢弹也要快"

此前有消息称,美国前不久进行了地下核试验,一颗2万吨级的核弹头意外爆炸,导致地面塌陷,十几名参加试验的人员伤亡,昂贵的核装置也报废了。

邓稼先听完报告,联想到美国的核试验事故,急忙坐车离开指挥所,直奔现场。

在荒漠的竖井边,强劲的西北风夹裹着沙子,扑打在他的脸上、身上,呛得他喘不过气来。尽管身穿军大衣,裹着围巾,戴着棉帽,但呼啸的西北风还是无情地钻进他的身体。邓稼先冒着严寒和科技人员一起分析故障原因,直到故障排除后才离开。离开时他近乎虚脱,惨白的脸色让所有人心疼。

第二天,试验取得了成功。邓稼先及其带领的研制人员,第一次观察到中子主体点火和燃烧的新现象,这标志着我国中子弹研究有了重大突破。

邓稼先兴奋地打电话向二机部领导报告了成功的消息:"中子主体点火正常,燃烧也正常!总剂量超过上限,理论和实践取得全面成功,我们的核武器科研又有一次重大突破!"

这一新功,是邓稼先一生事业上的第三座丰碑。这次研究中的突破,又为祖国的国防安全增添了一层保障,怎能不让邓稼先欣慰激动呢？但为了保密，他无法向亲近的家人分享喜讯，只好把自己激动的心情记录在庆祝会的签到本上。他挥笔写下了一首诗：

红云冲天照九霄，千钧核力动地摇。
二十年来勇攀后，二代轻舟已过桥。

第六章 生命最后的日子

1979年夏天遭受过量核辐射之后,邓稼先回北京住院进行检查。对于检查结果,他已有所预料,因为他是核物理学家,非常了解核辐射对人体的伤害。

生死的考验来临了

1979年夏天遭受过量核辐射之后，邓稼先回北京住院进行检查。对于检查结果，他已有所预料，因为他是核物理学家，非常了解核辐射对人体的伤害。

检查结果显示，他的尿液有很强的放射性，白细胞内的染色体已经呈粉末状，虽然数量仍在正常范围内，但白细胞功能衰退，肝脏也受到损伤。医生说他几乎所有的化验指标都不正常，但是，邓稼先只是轻描淡写地对妻子说尿不正常。

许鹿希是学医出身，知道事实并不像丈夫说的那么简单，她头一回发火了，跺着脚埋怨他不该对自己的身体这样漫不经心。

邓稼先望着妻子说:"就是不检查,我心里也清楚,不过……你在外边千万别说。"

"不说可以,但是你要脱离那个工作一段时间,到疗养院休息治疗,这是当前最要紧的。"

"希希,我不是说过吗?做我们这一行,总要有点儿牺牲。我现在是院长,又是党员,一定要走在前面。现在很多事情还没有搞实,我怎么能住院疗养呢?我今后多注意就是了。"

"不去疗养院也可以,能不能在家多休息几天?"

"不行,我得赶紧回去,因为……"

"又有什么新突破,对吧?"

邓稼先静静地靠在床头,没有回答。他的眼睛看着别处,沉默不语……他还有太多的事情没有做完,他的事业还在等着他,他怎么能突然就停下来?所以,无论许鹿希怎样告诫和劝阻,都无济于事,他已经成为一列刹不住的"高速列车"。

然而,病魔正在悄悄吞噬着他的健康。

1985年7月底,邓稼先从绵阳回北京参加会议,向军委副秘书长张爱萍及有关领导汇报九院的重建情况。

第六章
生命最后的日子

张爱萍一见到邓稼先就有些吃惊,关切地问道:"老邓同志,你怎么瘦了?气色也不太好。"

"因为我们很久不见了,实际上没有什么变化呀!"邓稼先见张爱萍如此关心自己,心里非常感动。

不过这段时间他确实感到力不从心,有时爬段小坡也气喘吁吁。周围的人都说他身体大不如前,但邓稼先觉得自己只是因为工作忙,有些疲劳而已。

"你最近身体怎么样?有什么不舒服吗?"张爱萍继续问道。

"其他没有什么,只是患痔疮,总流血,怪讨厌的。"

"做过检查和治疗了吗?"

"只做了一般的治疗,没做什么检查。"

"那就到301医院去好好检查一下,我来给你联系。"张爱萍说着,马上打电话给301医院院长,说明了邓稼先的情况,特别叮嘱要对邓稼先做全面检查。对方请示什么时间,张爱萍说:"现在,现在就出发!"

"不,不!"邓稼先连忙推辞,"我还没有向您汇报工作呢!"

张爱萍问:"有什么急需解决的问题吗?"

邓稼先说:"没有。"

张爱萍说:"没有的话,现在就去。"说完,他派自己的专车送邓稼先去了301医院。

经过初步检查,医生怀疑是直肠癌,建议邓稼先住院治疗。邓稼先却说,他正在开一个很重要的会,目前不能住院。但医生的口气没有丝毫商量的余地,他这才意识到问题的严重性。

之后,医生对邓稼先进行了活检。冰冻切片的结果显示,邓稼先的确患了直肠癌。

这位功勋卓著的科学家又要面临生死的考验了。为什么没有早发现呢?九院有专家定期体检制度,但近几年的几次体检,邓稼先一次也没有参加。因为体检时,他不是去了罗布泊,就是在其他地方,总是在忙。

在张爱萍的指示下,301医院专门组织了一个医疗小组,研究邓稼先的治疗方案,最后决定为邓稼先做清除肿瘤手术。

手术那天,张爱萍一大清早便来到了医院,核工业部和九院的领导也紧随其后。许鹿希默默地守候在手术室门口。

手术后的病理诊断是:肿瘤是恶性程度较大的低分化、浸润性腺癌,直肠旁淋巴结7个全部有转移……属

第六章
生命最后的日子

中期偏晚,预后不良。

身患癌症,而且接近晚期,对邓稼先来说是一个难以接受的打击。这意味着他的生命即将走到尽头,意味着他将离开自己深爱的核事业和亲人。

作为医学教授,许鹿希很清楚这个病的情况,心里非常绝望。所有办法都试过了,但根本无法阻止癌细胞的扩散。

邓稼先反过来安慰妻子说:"我知道这一天会到来,但没想到它来得这么快。"他拉着妻子的手,眼里流露出一丝惋惜之情,"希希,我并不悲叹死亡。父亲生前说过,'死是一个哲学问题,也是一个让人的心灵得以净化的美学问题'。庄子就将生死当作无差别境界,他泯灭了生死之别,突破了时空局限,以'逍遥'之游超越死亡,达到精神的绝对自由。庄子视死如生,达观超脱,所以,他能以快乐之心赴死。只是,我觉得对国家贡献的还太少,本来还能再多做一些事。"

许鹿希无言以对,唯有止不住的泪水在流淌。邓稼先抚摸着妻子的头发,劝慰道:"希希,不要难过。生命来自大地,最后又回到大地,这是很自然的事情。清代诗人龚自珍有一句诗,'落红不是无情物,化作春泥更护花'，古人有这种情怀，我们不应逊于古人。"

多年后，许鹿希回忆邓稼先生病的细节时说："邓稼先可以避免这次致命的伤害吗？他应该躲过这次致命的伤害吗？和他共过事的熟人、了解他的朋友在他已经逝世许多年后，仍然对这个问题持有各自不同的看法。可是，他一定会去的，这是他世界观发展的逻辑结果。"

邓稼先被确诊为癌症后，杨振宁特意从美国回来看望他。俩人闲谈时，杨振宁问及原子弹试验成功后，邓稼先得到了多少奖金。邓稼先不愿意回答，许鹿希替他回答说10元，邓稼先这才接过话茬，纠正说是20元，还有氢弹的10元。

杨振宁难以置信："你们是在开玩笑吧？"邓稼先说是真的，不是开玩笑。

那个年代，国家最高科技奖奖金是1万元，所以原子弹给了1万元，氢弹也给了1万元。九院在分配这笔奖金时遇到了难题，因为原子弹、氢弹试验是以集体之力完成的，参与原子弹研制工作的人实在是太多了，院里还垫了钱，才把奖金平均分下去。邓稼先作为"主要研制人员"，没有比别人多拿一分钱。他觉得能为国家做贡献就够了，这比得什么奖、有多少奖金都重要。

第六章
生命最后的日子

邓稼先去世后,国家科技成果办公室追授"原子弹的突破及武器化"和"氢弹的突破及武器化"两个特等奖,奖金共计1000元,还有突破中子弹等两个特等奖各1000元。许鹿希把这些奖金全部捐给了九院设立的科技奖励基金会。

邓稼先的人生方向就是为祖国服务。早年他毅然回到还在贫困中的祖国,一不图名,二不为利,心里只有一个目标,那就是让祖国强大起来。事实也正是如此,深植于邓稼先内心的使命感、责任感以及对国家深沉而真挚的感情,让他不顾个人安危,将自己的一生全部奉献给了祖国的核事业。

具有远见卓识的建议书

做完手术后,邓稼先只能在病床上静卧休息,但他"身在曹营心在汉",心里始终惦记着核试验的工作。

手术后第四天,邓稼先用颤抖的手写了一张便条,让核研究院的人把有关材料和书籍寄到医院来。为了查阅美国"星球大战计划"的资料和剪报，他又拜托别人借来了一大堆的英、法、俄文杂志。许鹿希提醒他注意身体，却无济于事。

邓稼先分析核大国的发展水平和军控动向后，认为核大国的核武器设计水平已接近理论极限，并且达到了可以用计算机模拟试验的程度，不需要再进行更多的核试验。因此，美国等国家完全可能通过限制别国的核试验来维持自己的核大国优势地位。这对于正处于发展关键阶段的中国核工业来说，是十分不利的。

面对如此严峻的形势，邓稼先顾不得重病缠身，打算起草一份建议书，向中央建议赶在国际上禁止核试验前，抓紧完成核极限试验，否则中国永远无法成为真正的核大国。

他把自己的想法告诉了多年的老同事及老搭档于敏，于敏非常赞同，但又担心他的身体吃不消。邓稼先半开玩笑半认真地说："我大概就是这么回事了！人早晚都要走，怕的是事情没做完就走了，那才是遗憾。"

于敏眼眶一热，含泪点了点头。邓稼先兴致很高，接着说："咱们一起来做这件事吧。这几天我大概想了

第六章
生命最后的日子

几点,不是很细,我先提出来,你们帮着一起完善。"

之后的一段日子,邓稼先的病房成了临时会议室。和同事们一起商讨建议书的内容时,他总是显得容光焕发、精力充沛,似乎有说不完的话和用不完的力气。初稿写成后,他又在病床上逐字逐句地斟酌修改。

1986年3月28日,即将进行第二次手术的邓稼先,坐在用于缓解痛苦的橡皮圈上,艰难地用铅笔给九院副院长胡思得写了一张便条,内容是关于建议书的修改意见。天气并不热,但剧烈的疼痛使他写写停停,额头直冒虚汗。许鹿希在一旁心疼地给他擦汗。

邓稼先预感到自己时日无多,不止一次对许鹿希说:"我有两件事必须做完,那一份建议书和那一本书。"

他躺在病床上,翻阅堆在床边桌子上那摞两尺多高的书籍和资料,一想到什么问题就马上给九院领导打电话,谈工作,谈方案。

经过与同事们反复商讨,1986年4月2日,由邓稼先和于敏签名的关于我国核武器发展的建议书终于完成了。这是为国家领导人做最后决策提供的重要参考材料。

写这份建议书时,邓稼先已经开始化疗,一次要好几个小时,他只能躺着或半躺着,边做化疗边看材料。

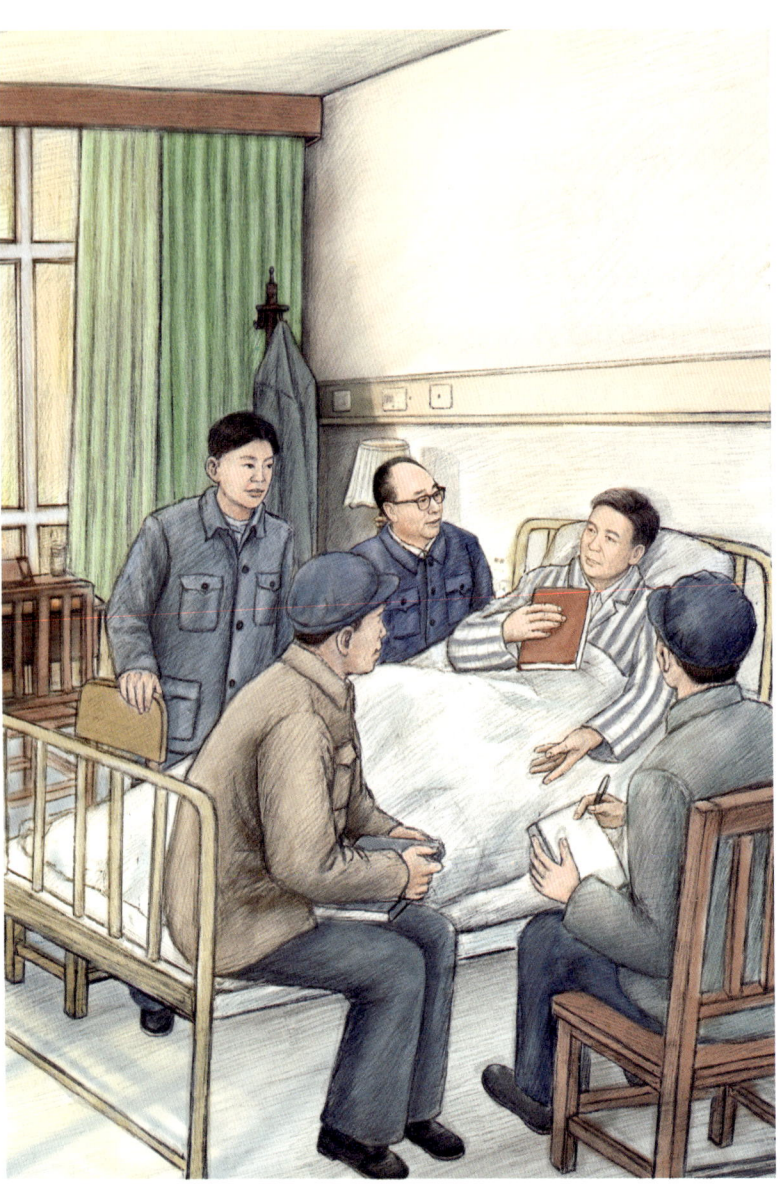

第六章
生命最后的日子

正是凭着对党和国家的无限忠诚,凭着对事业的无比执着和坚强的毅力,他完成了这份凝聚自己无数心血的建议书。这是一位临近人生终点的科学家对祖国的最后贡献。

完成这件事后,邓稼先倒在床上深深地吸了一口气,自言自语地说:"好了,我死也瞑目了。"他让许鹿希尽快将建议书送出去。当许鹿希拿着这份材料快要走出病房时,邓稼先叫住她,郑重地说了一句话:"这比你的生命还重要!"

这份建议书引起了中央领导人的高度重视,里面不仅提出了争取时机、加快步伐的战略建议,需要集中力量攻克的主要目标,还详细列出了达成这些目标的具体途径和措施。

之后,中国核武器研究继续推进了10年,1996年7月29日,也就是邓稼先逝世10周年当天,我国进行了第45次,也是最后一次核爆炸,完成了极限试验。同时,我国政府郑重宣布,从1996年7月30日起,中国暂停核试验。同年9月10日,联合国大会通过了《全面禁止核试验条约》。现在回过头去看这份建议书,怎么评价它的重要性都不为过。

除了这份建议书,邓稼先还想完成的另一件事是他的学术专著《群论》。这本专著的主要内容来自他辅导九院的年轻科技工作者时授课的讲义。他本来打算将它充实到40万字,但癌症的折磨使他不得不停笔。这部20多万字的学术精华,对后来的核物理研究和科研人员的培养起到了十分重要的作用。

那些未了的心愿

邓稼先住院治疗期间,他的外甥小捷来医院陪床,给他带来了美国乡村音乐《我的肯塔基故乡》的录音磁带。这是他特意嘱咐小捷找的,在美国留学时他就非常喜欢这支歌曲。听着听着,他渐渐入神了:

阳光明媚照耀肯塔基故乡,
在夏天黑人们欢畅,
玉米熟了,

第六章
生命最后的日子

草原到处花儿香,

枝头小鸟终日在歌唱。

那儿童们在田舍游玩,

多快活,多欢欣舒畅,

不幸的命运却来敲门拜访。

啊,再见吧,我亲爱的故乡!

你别哭,好姑娘,

今天别再悲伤。

让我们为亲爱故乡歌唱,

为那遥远故乡歌唱。

邓稼先沉浸在歌曲情意绵长、朴实真挚的意境中,任思绪自由飞扬。他似乎又回到了罗布泊,看到那一眼望不到边的戈壁,那一丛丛盛开的马兰花,还有那朵硕大的蘑菇云。

记得有一次,他突然想游泳,于是说服医生李锦秀,坐上吉普车直奔美丽的博斯腾湖。清凉的湖水洗去了一身的浮尘与疲劳,邓稼先躺浮在水面上,仰望万里无云的蓝天,心里感到十分畅快。这种享受没持续多久,基地警卫营副营长就带着几名战士追过来了,他不敢训斥邓稼先，于是就虎着脸冲李医生发火："为什么不阻拦邓院长？这是违反纪律，你懂不懂？"此时的邓稼先已是中央委员，但他像个孩子似的冲李医生挤了挤眼……

歌曲结束了，邓稼先把思绪收回来，对小捷说："这次出院后我不能再做原来的工作了，但是还有好多事情要干，这些工作都是很有意义的。我想搞原子能的和平利用，直接造福于人类。你听说过吗？利用这种技术，猪肉在常温下放两个月还和原来一样新鲜，注意啊，是一样新鲜。"

小捷眨了眨眼睛，说："明白了，罐头只是防腐，不能保鲜。"

"对！不仅猪肉，很多食品都可以用原子能来防腐保鲜。还有，医疗器械，像手术刀、注射器等用原子能来消毒，既简单又彻底。再比如，咱们常用的避雷针的保护半径，只有避雷针安装高度的 1～1.5 倍，而放射性同位素做成的避雷针，保护范围比它大几倍到几十倍。"

小捷听得入了迷，兴致勃勃地对舅舅说："照这么说，原子能就可以到处制造奇迹了。"

邓稼先笑了，说："现在还不能说'到处'，可是奇迹也不少。就说菊花吧，李商隐的诗里说'暗暗淡淡

第六章
生命最后的日子

紫,融融冶冶黄',现在用原子能辐照后,菊花的颜色可就多了,出现双花甚至五朵花并蒂,花的直径能达到38厘米。更有意思的是,1979年用原子能辐照后的一棵菊花,第二年6月24日就提前开花了。"

停了一会儿,邓稼先又说:"你知道吗,杨振宁在规范场方面造诣非常高,那是他一生在物理学领域的最高成就,比起'宇称不守恒'来,它对物理学的贡献更基础,意义也更深远。如果不是已经得了一次诺贝尔奖,凭着规范场的成就,杨振宁完全可以再得一次诺贝尔奖。我对规范场也很感兴趣,还想把《规范场论》写出来,我已经写了一点儿自己思考的东西,给别的同志看过,他们还挺赞赏呢!说实话,我还想琢磨一下计算机。我还很喜欢自由电子激光,能搞成连续可调控的激光器,非常有意思。"

邓稼先一口气说了很多计划,仍然兴致勃勃,根本不像一个虚弱的病人。

待在病房里的邓稼先,每天都有一种紧迫感,感觉有很多事等着他去做。他以极其惋惜的心情多次谈到自己一个未能实现的设想。

这是在他脑海中盘旋很久的一项工程,即解决核废料的危害问题。核废料始终是他的一块心病。他曾经建议来医院看望他的省长，对核废料用玻璃固化的方法处理后再深埋，这样的话即使发大水也冲不走，可以保障本省老百姓不受核废料的危害。

对于怎样化废为宝，邓稼先也想过很多方案，希望能找到一种既可以排除核废料的危害，又可以为国家创造收入的一举两得的办法。但直到他离去，这个问题仍没有解决，成为他留下的许多遗憾之一。

去世前几个月，邓稼先还对许鹿希说："煤矿工人太苦了，将来可以用造氢弹的原理，做成很小的可控核聚变钻探机，用于煤矿钻探，那样就不用人下井了。需要的氘和氚这两种元素，在海水里就有。这是最清洁、最没有公害的能源，而且取之不尽、用之不竭，因为地球上的海水太多了。这个再过50年，人类一定能达到，可惜我是赶不上了。"

有一次，小捷又来医院陪他。聊天时，邓稼先问小捷："《大卫·科波菲尔》这本书你读过吗？"

"读过。"小捷笑着说。

"那么我给你背一段，你听听。"邓稼先说完，用英语背诵起来，"O Agnes, O my soul！So may thy

第六章
生命最后的日子

face be by me when I close my life indeed; So may I, when realities are melting from me, like the shadows which I now dismiss, still find thee near me, pointing upward！"（噢，艾格尼丝！噢，我的灵魂！当我的一生真正完结了的时候，但愿你的脸也像这样在我身边！当现实像现在舍去的身影一样从我眼前消失的时候，但愿我依然见到在我身边向天上指着的你！）

艾格尼丝是大卫·科波菲尔深情钟爱的妻子，两个人青梅竹马。邓稼先选择背诵这一段，也是对自己一生情感的回忆和抒发。

年轻时，邓稼先经常去阜成门外的八一湖游泳；患病后，他和妻子又一次来到湖畔。那片蓝色的湖水波光粼粼，微风吹来，许鹿希的头发徐徐飘动。邓稼先深情地注视着妻子。

"稼先，你在看什么？"

"你的头发好像长了些。这样也好，这样更好看。"

许鹿希用手捋了一下头发。为了照顾邓稼先，她已经很长时间没去剪头发了。

黄昏中，一阵缥缈的歌声随风而来：

邓稼先的故事

我要去那里，

那里没有战争。

我要去那里，

那里有开满菊花的芬芳。

我要去那里，

那里有我的好姑娘。

他们的手紧紧地握在了一起。此时此刻，他们多想让时间停下来，没有战争，没有核试验，没有癌症……

住院期间，邓稼先为了完成《群论》，开列了一个长长的书单，让人回基地时从办公室找来带给他。他忘了自己是个病人，最需要休息。为了不让医生和护士发现，他把书藏在壁柜里，晚上等医生和护士查房结束后再拿出来看。

邓稼先一生以书为伴。他的病床边放着一本《简明核工程手册》，这是一本工具书，收录了从事核工业研究需要的各种数据。几十年来，他总是随身带着这本书和另一本《量子场论》。做粗估的时候，他经常翻阅《简明核工程手册》。几十年来，他做过的粗估不知道有多少，这是他做核武器研制工作的典型体验，过去他的这种感

第六章
生命最后的日子

受被重复过无数次,现在他非常怀念这种体验。

邓稼先有一个表侄叫葛孟曾,是中学教师,也酷爱看书。以往邓稼先每次回京都抽空跑书店,特别是外文书店。他和葛孟曾时常在那儿不期而遇。研制核武器时,他在北京停留的时间很少,有些书便只能拜托葛孟曾帮忙购买。

1986年夏初,邓稼先的身体已经很虚弱了,但是仍然保持着读书的习惯。他发现了一本好书《基本粒子物理学的规范理论》,是研究规范场很需要的参考书。但是,他已经不能再去书店了,于是又托葛孟曾代买,并嘱咐他"无论如何也要买到"。葛孟曾四处打听,但始终没有找到,每次去医院看望表叔,他都担心表叔问起此事,害怕看到表叔失望的表情。

终于有一天,葛孟曾买到了这本书,他欣喜若狂地奔赴医院,想尽快把这份喜悦带给表叔,然而为时已晚,邓稼先带着诸多没有完成的遗愿走了。

邓稼先的故事

"我们再去看看天安门"

1985年国庆节前夕,邓稼先对负责照顾他生活的警卫员小邓说:"今天感觉还不错,走,我们再去看看天安门。"

北京的秋天是美丽的,国庆节前的天安门广场红旗飘扬、鲜花盛开,更是美不胜收。邓稼先虽然家在北京,但是他多数时间住在基地,每次回京开会或者汇报工作也是来去匆匆,很少有时间到天安门广场去悠闲地散步。他觉得这一天是他见到的北京最美的时候。

长安街上人来人往,又增添了一些新建筑。记得1950年邓稼先从美国回来,正值中华人民共和国成立一周年。那天一大早,他和大姐、三姐一起骑着自行车来到天安门广场。

广场上,人们的脸上洋溢着幸福的笑容,雄伟壮丽的天安门正中悬挂着毛主席的巨幅画像,两边是"中华

第六章
生命最后的日子

人民共和国万岁"和"世界人民大团结万岁"的大幅标语。晨曦中,一队士兵护着国旗走来,邓稼先注视着国旗徐徐升起,激动的心久久难以平静。旗杆上,五星红旗好像一朵美丽的赤色云霞在飘动,那是他第一次看到五星红旗。

30余年过去了,当时的情景历历在目。如今,中国已经发生了翻天覆地的变化,他自己也经历了人生浮沉,把生命中最有价值的部分无私奉献给自己热爱的祖国。

走到天安门前,邓稼先停住脚步,深情地望着蓝天下金碧辉煌的天安门城楼,望着毛主席的巨幅画像,又转过身来仰望迎风招展的五星红旗,他知道这也许是他最后一次来这里了。他缓缓抬起右手,向国旗庄严地敬了一个军礼,久久不愿放下,似乎有千言万语要向祖国告白。

1986年3月,邓稼先做完第二次手术后,病情仍在一天天恶化。他告诉小捷"痛起来像用杀猪刀捅一样",每次大痛,他浑身都被冷汗浸透。

他渴望生,因为他还有那么多想做却没有做完的事情,还有他深爱的也深爱他的亲人。而面对死,他又是那么从容和平静。他对警卫员小邓说:"罗素对生命所持的豁达态度,我特别赞赏。罗素在《怎样做老人》一文中的一段话,我时常在心头默默背诵。罗素说:'一个人的存在就像一条河流,开始很小,在狭窄的峡谷中流动,慢慢地流出峡谷,变得汹涌奔腾,冲过巨石,越过瀑布,河面渐渐变宽,两岸渐渐后退,河水流动更平静了,最后滔滔不绝地汇入大海,毫无痛苦地失去了它的存在。'这段话说得多好啊!

"生命之河有自己的韵律,每个人都应在不同的年龄阶段调整好自己的琴弦,求得与这一韵律合拍,使生命的乐曲更圆润、更和谐。一个人的生命,就自身而言,即使再健康,最终的结局都是一缕青烟。

"但是,生命的价值却不相同,有的轻于鸿毛,有的重于泰山。我们应该在生前为自己的国家、自己的民族多做一些实实在在的事情,留下实实在在的脚步,这样才不枉此一生。"

邓稼先的这席话,一直珍藏在警卫员小邓的心中。

1986年6月13日,杨振宁访问中国时,来到医院看望老朋友邓稼先。此时邓稼先已经出现大面积出血症状,身体非常虚弱。他看见杨振宁送来一大束鲜花,意识到这是老朋友要和自己诀别了。

邓稼先的故事

杨振宁走后,邓稼先平静地对许鹿希说:"外国人习惯在朋友的墓前送上一大束鲜花,振宁他知道我不行了。"杨振宁和邓稼先在病房里拍了他们的最后一张合影,照片上,邓稼先还在微笑……

1986年7月11日,邓稼先的生命接近终点,他已经没有力气做任何事情了。但他依然平静从容,他拉着许鹿希的手说:"我今年62岁了吧?很好了,我记得赵尔陆上将("两弹"元勋之一)也是62岁没的吧?"

邓稼先说得那样自然,但是每个字都像针一样扎在许鹿希的心上。这让她如何回答?邓稼先又接着说道:"我真的可以走了。有你在身边,我走得也安心。"许鹿希已经泪流满面。

"不要让人家把我们落得太远……"

邓稼先去世前一个月,国家决定对他解密,公开他的身份,宣传他的光辉事迹,表彰他数十年来为发展我

第六章
生命最后的日子

国核武器做出的重大贡献,并号召广大科技人员向他学习,学习他艰苦奋斗、舍生忘死、不计名利、甘当无名英雄的奉献精神。

1986年6月24日,《人民日报》《解放军报》等重要报刊同时刊发了《"两弹"元勋——邓稼先》的长篇报道,向读者全面介绍邓稼先的先进事迹。

至此,世人才第一次知道邓稼先的名字,知道他是"两弹"元勋,知道他是中国第一颗原子弹和第一颗氢弹理论方案的主要设计者,更知道他是一位"俯首甘为孺子牛"的科学家。

7月15日,国务院副总理万里来到病房看望邓稼先,告诉他国务院已经决定授予他"全国劳动模范"荣誉称号和"五一劳动奖章"。万里走后,邓稼先忍着疼痛,让妻子拿来纸笔,艰难地写出接受奖章后的讲话草稿。

两天后,党和国家领导人来到医院,为邓稼先颁发"五一劳动奖章"和证书。会面前,邓稼先事先服用了加倍的止痛药,面带微笑地向来看望他的人们打招呼。

望着那枚闪闪发光的奖章,邓稼先用微弱的声音读了那篇讲话稿:

邓稼先的故事

核武器事业是要成千上万人的努力才能成功,我只不过做了一小部分应该做的工作,只能作为一个代表而已。但党和国家给我这样的荣誉,足以证明党和国家对尖端事业的重视。

回想解放前,我国连较简单的物理仪器都造不出来,哪里敢想造尖端武器。只有在共产党领导下解放了全中国,才能使科学蓬勃地发展起来。……

我今天虽然患疾病,但我要顽强地和病痛做斗争,争取早日恢复健康,早日做些力所能及的科研工作,不辜负党对我的希望。谢谢大家!

12天后,即1986年7月29日,邓稼先与世长辞。临终前,他仍然放心不下核事业,叮嘱同事们在尖端武器研制方面要勤勉努力,"不要让人家把我们落得太远……"

邓稼先还留下遗言,去世后不开追悼会,唯一的要求是把他的骨灰葬在母亲的墓旁,以弥补自己生前无法尽孝的遗憾。

为表达哀思,诗人周啸天作长诗《邓稼先歌》,诗云:

炎黄子孙奔八亿,不蒸馒头争口气。

第六章
生命最后的日子

罗布泊中放炮仗,要陪美苏玩博戏。
不赋新婚无家别,夫执高节妻何谓!
不羡同门振六翮,甘向人前埋名字。
一生边幅哪得修,三餐草草不知味。
七六五四三二一,泰华压顶当此际。
蘑菇云腾起戈壁,丰泽园里夜不寐。
周公开颜一扬眉,杨子发书双落泪。
唯恐失算机微间,岁月荒诞人无畏。
潘多拉开伞不开,百夫穷追欲掘地。
神农尝草莫予毒,干将铸剑及身试。
一物在掌国得安,翻教英年时倒计。
公乎公乎如山倒,人百其身哪可替!
号外病危同时发,天下方知国有士。
门前宾客折屐来,室内妻儿暗垂涕。
两弹元勋荐以血,名编军帖古如是。
天长地久真无恨,人生做一大事已!

作家王蒙对此诗给予好评,并做了解读:

"'不赋新婚无家别,夫执高节妻何谓!'何等悲壮!'两弹'元勋邓稼先顾不上为新婚作赋,还没有营建出一个小家来,就上了大西北国防科研的前线。

"'不羡同门振六翮,甘向人前埋名字。'同窗学友,展翅高飞,誉满全球,邓稼先则甘愿隐姓埋名,为国奉献。

"'蘑菇云腾起戈壁,丰泽园里夜不寐。周公开颜一扬眉,杨子发书双落泪',说的是我们国家的领导人,是咱们上世纪(20世纪)的艰辛历程。回到当年,谁不动心?谁不洒泪?

"'两弹元勋荐以血,名编军帖古如是。天长地久真无恨,人生做一大事已!'诗人歌颂记载了做成一件大事的邓稼先,诗中有血,句中有泪!

"让我们缓缓脱下帽子,重复这激越绝伦的诗句,向邓稼先致敬!"